Il n'y avait pas d'arche.
Mais non !
Il n'y avait pas de bateau
de cent, de trois cents
ou de mille coudées,
de cent, de trois cents
ou de mille enjambées
d'aucune mesure matérielle.
Il y avait le cœur
de Noé.
Un point c'est tout.
Comme il y a le cœur
de tout homme,
un point c'est tout.

Jean Giono

Comité de soutien

Cavanna
Bernard Clavel
Arielle Dombasle
Pr Jean Dorst
Yves Duteil
Solange Fernex
André Franquin
F'murr
Mgr Jacques Gaillot
Mgr Germain
Nicolas Hulot
Daniel Jacoby
Pr Albert Jacquard
Pr Théodore Monod
Dr Michel Odent
Pr Jean-Marie Pelt
René Pétillon
Roger-Pierre
Hubert Reeves
Dr Pierre Rousselet-Blanc
Dany Saval
Claude Serre
Haroun Tazieff
Antoine Waechter
Dr Jean-Pierre Willem
Pr Etienne Wolff
Rika Zaraï

Préface de Brigitte Bardot

Dans *Le Petit Prince*, Antoine de Saint-Exupéry a dit : "Tu es responsable pour toujours de ce que tu as apprivoisé !"

Les hommes ont apprivoisé les animaux, les plantes, les mers et les rivières pour mieux les détruire.

Et les moyens qu'ils emploient sont si perfectionnés et leur irresponsabilité si grande que plus rien ne pourra vivre ou survivre sur notre planète si la conscience et l'intelligence de ceux qui se rendent compte ne leur crient pas : "Arrêtez le massacre, c'est urgent! C'est vital aussi pour l'espèce humaine."

Si l'humanité se pourrit par ce cancer destructeur qu'est l'appât du gain sous toutes ses formes les plus dégradantes, les enfants eux restent purs. C'est sur eux que je compte car ils sont les hommes de demain.

Ce sont eux qui doivent réagir afin de préserver ce patrimoine merveilleux que nous détruisons quotidiennement et sur lequel ils ont droit de vie.

Protégeons les animaux

par Jacqueline Kelen

L'école de Noé

Le bateau de Noé

Il y a très longtemps, raconte la Bible, vivait un homme nommé Noé. Il était resté juste et bon alors que sur la Terre le mal et la violence s'accroissaient. Dieu ne supporta plus de voir se gâcher, se dégrader sa Création et il décida, pour nettoyer toute cette méchanceté, de faire pleuvoir un déluge sur la Terre. Mais il prévint Noé : il lui demanda de construire un très grand bateau où il s'hébergerait, lui et sa famille, et où il ferait entrer un couple de chaque espèce animale, du serpent jusqu'à l'oiseau en passant par le rhinocéros et le chimpanzé. Il ne s'agissait pas de tout détruire à jamais mais de redonner une chance aux hommes de la Terre.

Noé eut donc pour tâche de sauvegarder dans l'Arche en bois de cyprès le meilleur de la Création : quelques rares exemplaires d'hommes justes et, par couple, toutes les races d'animaux qui, eux non plus, n'étaient pas coupables de la violence répandue sur la Terre.

Le Déluge dura quarante jours et quarante nuits, engloutissant toute méchanceté. Puis les eaux s'arrêtèrent. Noé put alors sortir de l'Arche, ainsi que sa famille et tous les animaux bien protégés. Un nouveau jour allait commencer, une nouvelle chance donnée aux hommes de bonne volonté, une nouvelle Terre aussi…

Dans ce livre

MULLER/L'ÉCOLE DE NOÉ

REURI/L'ÉCOLE DE NOÉ

GURFINKEL/L'ÉCOLE DE NOÉ

DEFOS DU RAU/REEBER

La Terre est une grande maison dont nous sommes les habitants. Nous, c'est-à-dire les humains mais aussi les animaux de toutes sortes, du poisson à l'oiseau et de la coccinelle à l'éléphant.

Cette maison nous abrite, nous nourrit (en air, en lumière, en eau et en verdure) et nous offre plein d'endroits délicieux à découvrir et à vivre. Mais nous aussi nous devons protéger la maison, la respecter, la consolider et même l'embellir.

Nous sommes étroitement liés à la maison, et même inséparables. C'est comme un escargot qui meurt s'il est privé de sa coquille, et dont la coquille seule, sans son habitant, est inutile, sans vie.

Si la maison Terre s'écroule

ou se fissure, nous sommes perdus, sans ressources, sans subsistance. Si une famille de ses nombreux occupants disparaît ou se trouve gravement endommagée, tous les autres en souffrent et la vie dans la maison devient beaucoup plus triste, moins riche, moins animée : c'est comme si un bout du toit s'en allait, comme si une pièce de la maison s'effondrait.

Cet art de vivre tous ensemble et en harmonie dans la grande maison qu'est la Terre, on l'appelle Ecologie, de deux mots grecs qui signifient "science de la maison".

Il dépend de chacun de nous que cette maison soit équilibrée, paisible et joyeuse, pour que la vie continue.

SERGE BOUTINOT/ROC

GLOBE/VLOO

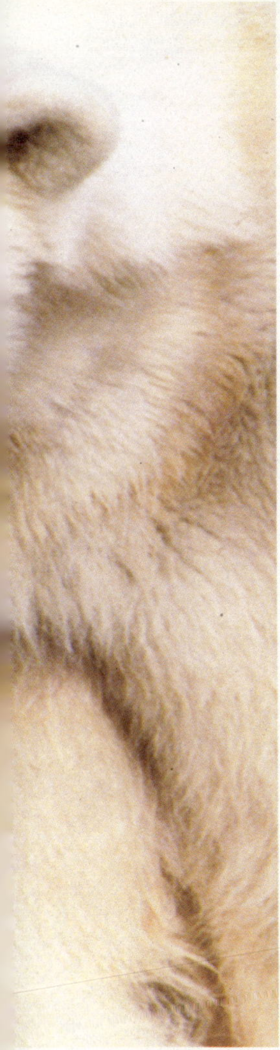

Chapitre 1

Vivent les animaux!

Qu'est-ce qu'un animal ? Qu'est-ce qui, outre son apparence, le différencie d'un être humain ?

L'origine du mot "animal" évoque le souffle de vie, "anima" en latin, qui a également donné le mot "âme" dans la langue française. En ce sens, l'homme est aussi un animal, animé du même souffle de vie.

Très tôt, l'homme s'est estimé ou déclaré supérieur à tous les autres animaux, alors qu'il est surtout différent d'eux. Depuis que l'homme est sorti de l'âge des cavernes, depuis qu'il a édifié des civilisations et connu diverses religions, il s'est déclaré supérieur parce qu'il utilise la pensée logique, un langage articulé et audible à nos oreilles (au lieu de cris ou d'infrasons), parce qu'il a inventé l'écriture, le calcul et bien d'autres choses, de l'utile

REURI/L'ÉCOLE DE NOÉ

au futile, du merveilleux au terrifiant, la roue, le bouton, l'automobile, la cathédrale, la bombe atomique, le violon… et parce qu'il se dit possesseur d'une âme immortelle, ou créé à l'image de Dieu.

L'animal n'est pas bête, seulement il a une autre forme d'intelligence, plus proche de la vie, du senti, du concret. Il répète plutôt qu'il n'invente, il s'accorde aux lois de la nature et fait confiance à ce que des générations lui ont transmis. Les animaux ont l'odorat, la vision ou l'ouïe parfois bien plus

JEU

Boa ?

• A quelle grande famille appartiennent les animaux suivants ? (attention aux pièges !)

La baleine	Insectes
La cigogne	Mammifères
L'abeille	Reptiles
La sardine	Oiseaux
Le crapaud	Poissons
Le lézard	Batraciens
L'autruche	
La souris	
Le crocodile	
Le rossignol	
Le scarabée	
Le hérisson	
Le saumon	
Le boa	
La roussette	
L'anguille	
La libellule	
Le cheval	

ALAIN KAISER

affinés que les sens humains, et beaucoup d'entre eux savent d'instinct ce que les hommes mettent longtemps à apprendre, à comprendre. Et, c'est vrai, ils ne revendiquent pas l'immortalité, ils ne se prennent pas pour des dieux : plus simples, plus modestes, ils accueillent la vie comme un cadeau et se soucient davantage de bien la vivre que de laisser des traces indélébiles après eux.

Comme tout être animé du souffle de vie, l'animal sent, ressent, il peut donc, comme les humains, souffrir, avoir peur, ou être heureux, se sentir aimé et protégé.

Lorsqu'il a mal, l'animal crie, tremble ou se cache sans rien dire. Il a moins de moyens que nous d'exprimer sa souffrance, son inquiétude, sa peur, son isolement. Cela ne veut pas dire qu'il ne ressent rien du tout. Quels sont les moyens d'alerte et de défense d'un bébé si quelqu'un le bat, l'abandonne, le laisse sans nourriture ? Un bébé, qui ne sait pas encore parler notre langage d'humain, ne peut lui aussi

J.-P. TESSON/VLOO

SERGE BOUTINOT/ROC

En Espagne, attelage d'un âne et d'une mule.

que crier, pleurer ou se taire tout à fait. Oserions-nous dire qu'il n'a pas mal ?

C'est souvent notre cœur qui est sourd et bouché aux appels et aux souffrances de tous les habitants de la Terre, des animaux abandonnés ou massacrés, des arbres abattus ou atteints par la pollution.

L'homme et l'animal sont liés par une très longue histoire. Depuis des millénaires, l'homme a utilisé l'animal pour se vêtir, se nourrir, se transporter, cultiver la terre, se défendre, se divertir. Parfois l'homme a été reconnaissant envers l'animal, mais le plus souvent il l'a traité comme un esclave, une chose, une machine privée de tout sentiment et de toute sensation, un objet qu'on jette quand il ne sert plus. Aujourd'hui on reconnaît que les animaux, comme nous, ont une sensibilité. Il est donc indigne d'un être humain d'exploiter ou de faire souffrir un animal, d'avoir droit de vie et de mort sur lui.

Si l'homme se sent plus évolué ou plus civilisé que l'animal – en particulier par ses sciences et ses techniques

CAROLINE BERG/L'ÉCOLE DE NOÉ

JEU

Coa ?

• L'homme parle. Et il a donné un nom aux divers cris d'animaux. Chaque animal a le sien. Sauras-tu le reconnaître ?

Animaux	Cris
Le lion	brait
La pie	brame
La grenouille	barrit
Le mouton	coasse
Le chameau	rugit
Le canard	bêle
L'éléphant	glousse
L'âne	glapit
La poule	jacasse
Le dindon	cancane
Le cerf	croasse
Le corbeau	blatère
Le hibou	glougloute
Le renard	bouboule

perfectionnées – il n'en a pas pour autant de droit sur les autres, jugés inférieurs, sur ceux qui vivent selon la loi de la nature. Il se découvre plutôt un devoir, une responsabilité : respecter l'autre, l'aider, le protéger. Maintenir au mieux la vie et non la détruire ou l'amenuiser.

Ainsi l'être humain ne peut plus se dire "roi de la Création". Mais il peut devenir le gardien du troupeau disséminé à travers toute la Terre, un troupeau très varié fait de léopards et de baleines, de fourmis et de zèbres, d'ours et de papillons. Son rôle aujourd'hui est d'être le berger de la planète.

Longtemps on a fait la distinction entre les animaux domestiques (chien, chat, cheval, vache…) et les animaux sauvages (loup, tigre, gorille…). On a dit que les premiers étaient proches de l'homme car domestiqués tandis que les autres vivaient en liberté ; et de là on a suggéré que les bêtes sauvages étaient menaçantes, dangereuses, féroces, simplement parce qu'elles ne se pliaient pas à la volonté de l'homme.

DESSIN ETIENNE SOUPPART

Quel est le meilleur sort pour un animal de nos jours ? S'il est domestiqué, il est soumis à l'homme, il peut devenir sa victime (il peut être frappé, mangé, etc.). S'il est sauvage, en liberté, il devient la proie de l'homme (qui le chasse, le piège, détruit son territoire....)

Pourquoi les animaux familiers aussi bien que sauvages connaissent-ils un sort aussi cruel, aussi injuste ? Qu'ont-ils fait de mal ? Que nous ont-ils fait ? Rien du tout. Ils sont innocents. C'est la méchanceté de l'homme, c'est la violence, c'est le besoin de dominer, c'est l'égoïsme, c'est le désir de s'enrichir qui poussent les êtres humains à s'attaquer aux êtres plus faibles ou

SERGE BOUTINOT/ROC

Le nid que l'oiseau bâtit
Si petit
Est une chose profonde ;
L'œuf ôté de la forêt
Manquerait
A l'équilibre du monde.
Victor Hugo

innocents, aux êtres vivants (animaux, arbres et plantes) qui n'ont pas les moyens de se défendre. Tout cela c'est la honte de l'homme.

Si un enfant dit qu'il aime son chat mais accepte de laisser tuer d'autres animaux (renards, phoques ou éléphants) il n'a rien compris du tout, ou bien son cœur est très étriqué. J'aime mon chat, cela veut dire : j'aime aussi tous

HEATON/VLOO

les autres animaux ; ou, si j'en ai un peu peur, je les respecte, je respecte leur espace, leurs mœurs, leur habitat, leur vie. Mon chat est un petit messager entre eux et moi. Et le message qui nous relie tous et nous fait si ressemblants, si proches, s'appelle le souffle de vie.

La vie nous est donnée et ne nous appartient pas. Le temps nous est compté et nous ne pouvons guère, hommes et animaux, le prolonger. La Terre nous est donnée comme maison et chacun, animaux et humains, y a sa place, son espace. Qu'est-ce donc qui nous sépare, qui nous rend ennemis ?

M.NEWMAN/VLOO

Nous sommes tous une grande famille, hommes, arbres et animaux. Ce qui nous distingue, c'est la température de notre corps, c'est d'avoir des bras au lieu de branches, deux jambes au lieu de nageoires ; c'est plein d'autres apparences encore… Mais ce qui nous réunit est bien plus important : c'est le souffle de vie qui circule de l'un à l'autre, le souffle de vie qui peut devenir joie de vivre.

— Bonjour, dit le renard.

— Bonjour, répondit poliment le petit prince, qui se retourna mais ne vit rien.

— Je suis là, dit la voix, sous le pommier…

— Qui es-tu ? dit le petit prince. Tu es bien joli…

— Je suis un renard, dit le renard.

— Viens jouer avec moi, lui proposa le petit prince. Je suis tellement triste…

— Je ne puis pas jouer avec toi, dit le renard. Je ne suis pas apprivoisé.

— Ah ! pardon, fit le petit prince.

Mais, après réflexion, il ajouta :

— Qu'est-ce que signifie "apprivoiser"?

— C'est une chose trop oubliée, dit le renard. Ça signifie "créer des liens"…

— Créer des liens ?

— Bien sûr, dit le renard. Tu n'es encore pour moi qu'un petit garçon tout semblable à cent mille petits garçons. Et je n'ai pas besoin de toi. Et tu n'as pas besoin de moi non plus. Je ne suis qu'un renard semblable à cent mille renards. Mais, si tu m'apprivoises, nous aurons besoin l'un de l'autre. Tu seras pour moi unique au monde. Je serai pour toi unique au monde…

Antoine de Saint-Exupéry
Le Petit Prince (© Gallimard)

Non, les loups n'ont jamais été noirs.

Chapitre 2

Le nounours et le grand méchant loup

Pourquoi certains animaux peuvent-ils faire peur à l'homme ou provoquer sa répulsion ?

Par leur grosseur,
comme la baleine, le bison.

Par leur aspect étrange,
comme la chauve-souris, le rhinocéros.

Par leur couleur sombre,
comme le corbeau.

Par leur peau nue ou humide, comme le crapaud, le serpent, le ver de terre.

Par leur vie nocturne ou souterraine, comme la chouette, le rat, la taupe.

Par leur vol en altitude, leur rapidité, comme l'aigle, le guépard.

Par leur odeur,
comme le bouc, le putois.

Mais, surtout, parce que des traditions, des croyances religieuses, des superstitions accusent certains animaux de choses horribles et incitent l'homme à les détruire.

Il y a aussi des contes, des films, des bandes dessinées et, dans notre langage, des proverbes ou des expressions qui attribuent systématiquement des défauts à certains animaux ou qui tracent d'eux un portrait cruel ou repoussant : le cochon est sale, le loup dévore l'homme, la chauve-souris est l'envoyée du Diable, le crapaud donne des boutons, et l'araignée porte malheur… Bref, c'est toute une horde de "bêtes noires", de bêtes à abattre.

Bien sûr, ces animaux petits ou grands ne peuvent pas répondre à de telles accusations puisqu'ils n'emploient pas le même langage que l'homme. Et comme, le plus souvent, par ses armes, ses pièges ou sa force physique, l'homme a le dessus, l'animal a le choix entre se cacher, se tenir le plus loin des hommes, ou bien être une victime toute désignée d'avance.

SERGE BOUTNOT/ROC

L'épeire, l'araignée des jardins.

LE SAIS-TU ?

Dans la neige, les loups marchent astucieusement pour éviter d'être repérés : ils mettent leurs pas dans les pas du loup qui précède.

Ainsi on ne peut savoir, d'après leurs traces, s'ils sont nombreux.

C'est ce qu'on appelle "marcher à la queue leu leu".

Le “grand méchant loup” qui aborde le Petit Chaperon rouge, ou Grand Loup qui poursuit les trois petits cochons, ce sont des histoires inventées, elles ne sont pas réelles. Ce sont les adultes qui utilisent les animaux pour faire peur aux enfants. “Si tu n’es pas sage, le loup viendra te chercher…”

Lorsqu’on étudie la vie des loups, on apprend que ceux-ci sont très sociables. Ils vivent en couple, sont fidèles et n’attaquent pas l’homme. De la même famille que le chien, ils peuvent se laisser apprivoiser, et certains loups ont recueilli et élevé des enfants abandonnés.

Avant d’accuser ou de rejeter quelqu’un, il faut connaître sa vie, ses mœurs, ou encore il faut le rencontrer, vivre avec lui.

L’ignorance, la bêtise et la peur de l’autre sont à l’origine des comportements cruels. On tue des animaux inoffensifs parce que, dit-on, ils sont sales, méchants, porteurs de maladies ou toute autre invention.

Le loup et les bergers
Un loup voyant des bergers qui mangeaient un mouton sous une tente s’approcha : “Quels cris vous pousseriez, dit-il, si j’en faisais autant !”
Esope(fabuliste grec, 6e siècle av. J.-C.)

ALAIN KAISER

On fait peur à l'enfant avec le loup, le hibou ou l'araignée et, en même temps, on lui donne un ours en peluche à câliner. L'ours, brun ou blanc, est un gros animal et de nombreux voyageurs et chasseurs lui ont fait une réputation de férocité et ils l'ont exterminé sans pitié. Pourtant chaque bébé a, dès son berceau, et pour plusieurs années, un nounours comme compagnon, un petit ours qui représente pour lui toute la douceur, la gentillesse et tout l'amour du monde…

Alors où est la vérité ?

Si on remonte dans le passé, voici 5 000 ans, en Egypte ancienne, une des plus grandes civilisations du monde, les divinités avaient le plus souvent une forme animale : faucon, vache, crocodile, hippopotame, bélier… Et de nos jours encore, en Inde, on révère un dieu à tête d'éléphant, nommé Ganesha.

Horus, le faucon, dieu solaire de l'Egypte ancienne et Ganesha, dieu de la prospérité en Inde.

Le cobra est sacré pour l'Egypte, l'Inde et le Cambodge ; tandis que dans la Bible le serpent est maudit, responsable de tout le mal.

Alors où est la vérité ?

Toujours en Egypte ancienne, le chat était respecté et même divinisé. Au

REURI/L'ÉCOLE DE NOÉ

Moyen Age, en France et dans les pays voisins, le chat a été considéré comme maléfique, compagnon des sorcières et ami du Diable. On a brûlé par centaines de pauvres chats, on les a jetés dans des bûchers ou du haut des murailles pour se débarrasser du "mal".

La chevêche, petite chouette, se nourrit d'insectes et de rongeurs.

SERGE BOUTINOT/ROC

La chouette était, dans la Grèce antique, la compagne de la déesse Athéna et elle symbolisait la sagesse. Près de nous, dans les campagnes, on l'a clouée ainsi que la chauve-souris sur la porte des granges, comme "oiseau de malheur".

JEU

• Quel animal se cache derrière les expressions suivantes ?

laid comme	un lion
têtu comme	un putois
rusé comme	une puce
mou comme	une pie
gai comme	un zèbre
malin comme	un loir
muet comme	un singe
myope comme	un renard
bavard comme	un pinson
dormir comme	une carpe
courir comme	un âne
crier comme	une taupe
sauter comme	une limace
se battre comme	

Alors où est la vérité ?

L'enfant lit avec passion les aventures de Babar, et pendant ce temps les éléphants d'Afrique sont exterminés par des braconniers et des trafiquants d'ivoire.

L'enfant s'amuse avec Mickey et Minnie, des petites souris, et pendant ce temps on continue de faire peur aux gens avec souris, rats et autres rongeurs.

L'enfant prend Bambi pour ami, et pendant ce temps les chasses à courre détruisent impitoyablement cerfs, biches, daims et faons.

Que faut-il en penser ?

Peut-on affirmer qu'il y a des animaux gentils et des animaux méchants ? N'est-ce pas l'homme qui, sans savoir, déverse sa peur et sa violence sur des animaux qu'il ne connaît pas, qui ne lui ont rien fait et qui ne peuvent pas répondre ?

Il est bon d'observer et de connaître la vie des animaux avant de les juger. Tous ont le droit de vivre, même s'ils ont un aspect surprenant ou un peu inquiétant. Tous ont le droit de vivre en paix, sans être chassés, maudits ou torturés par les hommes.

S. BOUTINOT/ROC

Grognon, mais familier comme si nous t'avions gardé ensemble, tu fourres le nez partout et tu marches autant avec lui qu'avec les pattes.

Tu caches sous des oreilles en feuilles de betterave tes petits yeux cassis.

Tu es ventru comme une groseille à maquereau.

Tu as de longs poils comme elle, comme elle la peau claire et une courte queue bouclée.

Et les méchants t'appellent : "Sale cochon !"

Ils disent que, si rien ne te dégoûte, tu dégoûtes tout le monde et que tu n'aimes que l'eau de vaisselle grasse.

Mais ils te calomnient.

Qu'ils te débarbouillent et tu auras bonne mine.

Tu te négliges par leur faute.

Comme on fait ton lit, tu te couches, et la malpropreté n'est que ta seconde nature.

Jules Renard
Histoires naturelles
(Flammarion)

VLOO

Avant d'écraser une araignée ou un escargot, demande-toi pourquoi tu le fais : as-tu une véritable raison ?

Avant de dire "sale crapaud", "vilain serpent", renseigne-toi sur leur vie, sur leurs mœurs, et tu apprendras qu'ils sont très intéressants, qu'ils méritent ton attention.

Ecoute, regarde, ouvre tes yeux et ton cœur : les animaux ont plein de choses à t'apprendre et, si tu le veux, à partager avec toi.

Les bons et les méchants

• Cite des contes de fées, des livres, des films ou des chansons où l'animal joue un bon rôle.
Trouve des contes, des films, des chansons ou des livres où, au contraire, l'animal est présenté sous de mauvais aspects.
Qu'en penses-tu ?

• Que signifie le proverbe : "Qui veut noyer son chien l'accuse de la rage" ?

PIERRE CHEUVA

GLOBE/VLOO

Une roussette trasportant son petit. Cette chauve-souris se nourrit de fruits et de végétaux.

Chapitre 3

Qui a dit "nuisible"?

Des "bêtes noires" qui, à tort ou à raison, nous font peur, il est facile de glisser jusqu'aux bêtes inutiles puis nuisibles, que l'homme va entreprendre d'éliminer. Parce que, par orgueil et violence, il préfère détruire les autres, ceux qui le gênent, ceux qu'il ne comprend pas, ceux qui ne lui ressemblent pas, plutôt que de se remettre en question et de porter sa propre responsabilité.

Que dire de l'enfant qui, sur le chemin, bute contre une pierre et s'écrie "sale caillou" ou "méchante pierre" ? C'est lui qui devait faire attention où il met les pieds en marchant. Que dire de l'enfant qui va rôder tout près d'une oie qui couve ses œufs et puis qui s'étonne que maman oie défende ses petits en donnant des coups de bec ?

L'homme a cru se débarrasser de sa peur, de sa violence, ou justifier son goût de la guerre et de la domination en accusant l'autre de méchant et de dangereux. Mais au bout du compte, une fois qu'il a anéanti les loups, les renards, les vipères, les chauves-souris, les aigles, les tigres et tant d'autres animaux, il se retrouve avec toutes ses peurs et sa violence est exacerbée : qui va-t-il détruire demain ?

Etre humain, aujourd'hui, cela ne veut pas dire abattre l'autre ou le soumettre mais *faire alliance* avec l'autre, reconnaître tout ce que l'un l'autre peuvent s'apporter.

Tant que l'homme se dira supérieur parce qu'il pense et fait la guerre, la maison Terre ira à la destruction. Le jour où l'homme mettra ses talents au service de la protection, du maintien, de la sauvegarde de tous les autres et de la nature, il sera digne du nom d'humain.

LE SAIS-TU ?

Jusqu'en 1989, en France, l'Etat accordait des primes aux chasseurs qui détruisaient les renards, accusés de répandre la rage.

Aujourd'hui, le ministère de l'Agriculture a compris qu'il était plus intelligent de vacciner les renards (par voie orale) que de payer pour les tuer.

Un putois.

Les animaux qui ont été déclarés nuisibles par l'homme sont nombreux : ce sont des parasites (les puces, les poux), des insectes qui piquent (moustiques, guêpes) ou qui transmettent des maladies (mouches) ; ce sont les reptiles à cause de leur venin ; ce sont encore ceux qui détruisent les cultures (sangliers, taupes) ou d'autres animaux (renards mangeant les poules) ; ce sont les animaux trop nombreux (lapins, rats, fourmis, pigeons) et tous ceux (fouines, belettes, faucons) qui "nuisent au gibier" – gibier que l'homme va chasser pour le plaisir...

Ainsi ces bêtes classées dans la catégorie des "nuisibles" peuvent être détruites par l'homme sans hésitation.

Cette attitude, qui relève de l'ignorance et de la cruauté, n'est plus possible aujourd'hui. Toute la nature repose sur un équilibre écologique entre les végétaux, les animaux et leur environnement. Tout se tient, tout est utile et même nécessaire pour que l'équilibre soit maintenu, pour que les hommes

JEU

• Trouve le plat préféré de chaque animal :

lézard	herbe
éléphant	souris
grenouille	poisson
phoque	fourmi
tamanoir	chenille
rouge-gorge	puceron
pélican	noisette
écureuil	moustique
aigle	
coccinelle	

aussi et la maison Terre puissent survivre : nous sommes tous les maillons d'une grande chaîne – chaîne de la vie – ou les perles d'un même collier.

Si l'homme commence à détruire une espèce – par exemple certains vers ou insectes qu'il juge néfastes – il va détruire en même temps d'autres espèces, par exemple les oiseaux ou hérissons qui n'auront plus de nourriture. S'il dégrade un milieu naturel (défrichage de forêts, pêche excessive), les espèces qui y vivent ne se reproduiront plus.

On ne connaît pas encore le rôle précis de chaque espèce dans l'ensemble de la chaîne biologique, mais on sait qu'il y a interdépendance entre tous. Ainsi, on a remarqué depuis longtemps qu'un petit oiseau (le pluvian) vivait "en parasite" sur le dos de certains crocodiles : en fait, l'oiseau, en se nourrissant des bestioles qui grouillent entre les écailles du crocodile, débarrasse le gros animal de ses hôtes gênants. Le crocodile ouvre

LE SAIS-TU ?

• L'araignée tisse une toile pour y capturer insectes et moucherons qui constituent sa nourriture. Elle peut former un fil long de 3 mètres, ce qui représente plus de 1 000 fois sa propre longueur.

Dresse une liste des animaux qui te font peur, et en face de chacun écris la raison pour laquelle tu as peur.

même toutes grandes ses mâchoires afin que le pluvian nettoie ses dents…

De nombreux insectes servent à transporter le pollen d'une fleur à une autre pour permettre la fécondation : papillons, abeilles… Tout récemment on a réalisé à quel point les coccinelles étaient utiles, et plutôt que d'employer des produits chimiques dans les cultures, on y lâche des coccinelles qui se ruent sur les pucerons pour les dévorer (chaque coccinelle avale en moyenne 150 pucerons par jour). Les salades se portent bien et sont exemptes de produits mauvais pour la santé.

LE SAIS-TU ?

• Pour prévenir les piqûres de moustiques, il faut s'enduire la peau d'essence de citronnelle. Cela sent très bon mais les moustiques, eux, détestent cette odeur.

Dès que l'homme intervient, en voulant réduire ou anéantir une espèce végétale ou animale, il met en danger l'équilibre écologique de la nature tout entière. Avant de déclarer que telle herbe est mauvaise, tel animal nuisible, il devrait s'examiner lui-même : l'homme est en effet, depuis qu'il existe, le plus grand prédateur de la planète, celui qui agresse, absorbe, exploite ou détruit le plus grand nombre

Ne tue pas la mouche
vois comme elle tend
vers toi les pattes.

Issa (poète japonais, 18e siècle)

d'animaux de toutes sortes, et dans le monde entier.

Quand on parle de la prétendue cruauté de certains animaux – le requin, le loup ou le tigre par exemple – on commet une grave erreur : non seulement ces animaux n'attaquent pas

VLOO

l'homme, mais lorsqu'ils tuent un autre animal, c'est pour se nourrir. Ils tuent par nécessité, parce qu'ils sont carnivores, ils ne tuent pas par haine, par cruauté, par vengeance, par plaisir, par lâcheté, par goût de domination ou de destruction – ce que l'espèce humaine fait depuis des millénaires. Il faut ajouter que les hommes sont les seuls animaux qui se combattent et se détruisent ou se torturent entre eux : aucune espèce animale n'agit ainsi, hormis certains chimpanzés, les plus proches de l'homme.

LE SAIS-TU ?

Aujourd'hui neuf êtres vivants sur dix sont des invertébrés, c'est-à-dire que leur corps est sans colonne vertébrale, souvent mou, parfois protégé par une carapace.

Par exemple : les vers, les escargots, les huîtres, les calmars, les mouches, les fourmis, les crabes, les sauterelles, les oursins, les cigales, etc.

"Nous aimons
la tranquillité ;
nous laissons la souris
jouer en paix ;
quand les bois
frémissent sous le vent,
nous n'avons pas peur."

Un chef indien
au gouverneur de
Pennsylvanie en 1796

Non seulement l'homme détruit la planète – ses forêts, ses rivières, les animaux de terre ou d'air ou d'eau – mais encore il continue de détruire ses semblables, les hommes, par la guerre, la torture, l'esclavage et autres moyens qu'il est le seul à avoir inventés et pratiqués : est-ce là sa fameuse intelligence, sa fameuse supériorité ?

Il est facile de dire que certains animaux sont dangereux, cruels, qu'ils effrayent les gens. Il est indispensable de rappeler que, le plus souvent, ce sont les animaux qui ont peur de l'homme et ils ont, hélas, depuis des millénaires bien des raisons, trop de raisons de se méfier et de redouter le destructeur le plus effréné, impitoyable, inconscient et… inhumain de toute la planète Terre.

DOCUMENT THÉODORE MONOD

VLOO

Chapitre 4

Chiens, chats, poissons, hamsters...

Ce sont des animaux familiers. Ils vivent en compagnie des hommes, dans leur maison, dans leur appartement ou leur jardin ; ils leur donnent affection, tendresse, fidélité, ils partagent les jeux, le travail, les peines, le sommeil de leurs maîtres. Ils sont souvent une présence rassurante. On dit qu'ils sont domestiques ou apprivoisés.

Ce sont : les chats, les chiens, les oiseaux, les poissons, les hamsters, les tortues, les souris, les cochons d'Inde... Ce sont des êtres sensibles, drôles, affectueux et intelligents. Chacun a son caractère, ses habitudes, sa façon de se

VLOO

ALAIN KAISER

J. BOUTAUD/GOIVAUX

nourrir et de se reposer, qu'il faut connaître et respecter.

Ils sont, en France, très nombreux : de 35 à 39 millions (9 millions de chiens, 7 millions de chats, 9 millions d'oiseaux...).

Chaque enfant rêve d'avoir un petit compagnon animal, qu'il pourra caresser ou dont il pourra s'occuper, avec qui il parlera, jouera, lira ou dormira.

Avant de prendre chez toi un animal, avant d'en réclamer un à tes parents, il faut savoir lequel choisir, lequel sera le plus heureux, lequel causera le moins de gêne dans cette vie en commun. Tu dois penser, par exemple, qu'un petit poussin jaune va grandir et devenir un poulet ; qu'un chien doit être promené, et qu'il peut aboyer et ennuyer les voisins ; qu'un hamster dort la journée et se réveille et s'active le soir, à partir de 22 heures ; qu'un canari a besoin de se baigner quotidiennement, etc.

Avant de choisir tel ou tel animal, tu dois savoir où il pourra circuler et dormir chez toi, si tu peux te procurer

Le désir d'avoir un animal découle en grande partie d'un besoin ancestral, qui est la nostalgie de l'homme civilisé pour le paradis perdu de la nature. Tout animal est un petit fragment de cette nature, mais tous ne sont pas faits pour la représenter dans notre maison

Konrad Lorenz
Il parlait avec les mammifères...
(Flammarion)

facilement la nourriture qui lui convient et si, en cas d'absence, tu peux le confier à quelqu'un que tu connais.

Si tu n'es pas sûr de tout cela, ou si tu sens que les autres personnes de ta famille n'aiment pas les animaux, ne prends pas d'animal avec toi. Plus grand, tu verras... L'animal – chien, chat, oiseau, poisson, hamster – est un être sensible qui très vite te reconnaîtra et s'attachera à toi : tu dois donc réfléchir et prévoir qu'il restera *toute sa vie* avec toi, sous ta protection, avec ta tendresse et tes soins.

JEU

• Etablis la carte d'identité de ton animal favori

NOM..
Race..
Age...
Taille...
Poids...
Couleur..
Yeux...
Nourriture......................................
Domicile..
Caractère.......................................
Habitudes...
....
Observations...
....

dessine-le ici

Le Long-Chat

Un chat noir à poil ras paraît toujours plus long qu'un autre chat. Mais celui-là, Babou surnommé le Long-Chat, mesurait réellement, bien étiré à plat, un mètre, un mètre dix. Mal disposé, il ne dépassait pas quatre-vingt-dix centimètres. Je le mesurais quelquefois.

— Il n'allonge plus, disais-je à ma mère. C'est dommage.

— Pourquoi dommage ? Il est déjà trop long. Grandir, toujours grandir ! C'est mauvais de trop grandir ! Très mauvais !

Une beauté gigantesque, qu'en faire ? Où la caser ?

— Alors le chat Babou est incasable ?

— Un chat est un chat. Le chat Babou n'est trop long que quand il le veut bien. Est-on même sûr qu'il est noir ? Il est probablement blanc par temps de neige, bleu foncé la nuit, et rouge quand il va voler des fraises, très léger sur les genoux, très lourd quand je l'emporte le soir dans la cuisine pour l'empêcher de dormir sur mon lit…

Colette, *Le Long-Chat*

L'animal n'est pas un objet de décoration ou de commerce. Certaines personnes achètent très cher des “animaux de race”, mais un “chat de gouttière” ou un simple poisson rouge donnent autant d'affection qu'un animal de grand prix. Et puis, en adoptant un animal (dans un refuge, par le biais d'un vétérinaire…), tu feras un heureux. Les qualités de cœur d'un animal ne dépendent pas du prix que l'on paie. Elles sont gratuites. Ce que tu devras payer, ce sont la nourriture et les soins pour garder ton petit compagnon en bonne santé.

L'animal familier n'est pas un jouet avec qui on s'amuse ou que l'on tourmente, et ensuite qu'on laisse tomber.

Il doit avoir un habitat ou un espace convenable, clair, propre, aéré. Si c'est une cage, elle doit être suffisamment spacieuse. L'alimentation doit être saine et adéquate : il est très mauvais, par exemple, de gaver ses animaux avec du chocolat, des gâteaux ou des cacahuètes. Il faut respecter leur alimentation naturelle et se méfier, pour les rongeurs, les oiseaux et les poissons, des plantes qui seraient toxiques. La plupart des animaux familiers ont besoin d'eau claire, souvent renouvelée, et les courants d'air sont mortels pour les cochons d'Inde, les souris, les lapins.

ALAIN KAISER

L'animal n'est ni une poupée, ni une mécanique, ni une peluche. Le chat a horreur du bain ou du shampooing et il n'en a pas besoin. Il est ridicule d'habiller ses animaux familiers : leur pelage leur suffit et c'est tellement plus joli. Si tu es triste et en colère, si tu te sens seul, tu n'as aucune raison de frapper ou d'embêter le petit animal qui est innocent. Lui te fait entièrement confiance et il dépend entièrement de toi depuis le jour où tu l'as adopté. Les petits surtout (chatons, chiots) ont besoin de beaucoup de sommeil et de tranquillité pour grandir en bonne santé.

La propreté est indispensable pour les animaux de compagnie à la fois pour leur bien-être et pour éviter mauvaises odeurs et désagréments. Tu auras à charge de nettoyer et d'entretenir cage, aquarium, litière du chat.

Beaucoup de personnes critiquent à raison les saletés occasionnées par les chiens dans les rues des villes en France. Mais ce ne sont pas les chiens qui sont coupables, ce sont leurs maîtres qui sont responsables. A toi de veiller à ce que ton chien ne laisse pas de traces désagréables sur les trottoirs, dans les cours, les squares, les lieux de promenade.

LE CHAT © GELUCK/CASTERMAN

Il est recommandé de faire vacciner chat et chien (contre le coryza pour le chat, contre la rage et la maladie de Carré pour le chien). Et aussi de les faire tatouer dans l'oreille et sous la cuisse : c'est leur carte d'identité. Ainsi, si ton chien ou ton chat est perdu, on pourra plus facilement te le rendre grâce à son numéro, et un animal tatoué, donc pourvu d'un maître, ne peut

PIERRE CHEUVA

être éliminé ou détourné comme le sont parfois les chiens et les chats errants. Le tatouage est donc une sécurité. C'est le vétérinaire qui le fait. Au lieu d'abandonner ou (horreur !) de tuer les chatons qui viennent de naître, il est de loin préférable de demander à un vétérinaire d'opérer le chat ou la chatte pour éviter la reproduction, ou de donner des médicaments efficaces pour l'empêcher.

L'animal n'est pas un objet ni un "meuble" ainsi que persiste à le définir le Code civil : c'est un être vivant et sensible, qui peut souffrir. La cruauté exercée sur un animal est aussi condamnable que celle appliquée à un enfant : ils sont tous les deux sans défense et inoffensifs.

Il y a encore beaucoup trop d'individus – lâches, brutaux, sans cœur, ou perturbés – qui infligent aux animaux de mauvais traitements : ils laissent l'animal familier dans la saleté, enfermé ou sans nourriture, ils le battent, le persécutent, l'abandonnent ou le laissent périr. Ces individus sont indignes, et si on les signale ils peuvent être condamnés par la loi. Mais il faut

HISTOIRE

La chatte de Mahomet

On dit que le prophète Mahomet aimait beaucoup les chats. Un jour, il parlait assis avec ses disciples, et sa chatte Mouezza faisait partie de la compagnie.

Lorsque l'heure de la prière arriva, Mahomet voulut se lever pour faire ses dévotions mais il se rendit compte que Mouezza s'était endormie sur la manche de son manteau. Sans la réveiller, il découpa son vêtement afin qu'elle puisse poursuivre son rêve heureux.

surtout courir au secours de l'animal maltraité et demander aide et conseil auprès des sociétés de protection animale.

Chaque année en France, au moment des grandes vacances particulièrement, plus de 100 000 animaux sont abandonnés. Parce que les gens sont ingrats, égoïstes, sans cœur, ils abandonnent lâchement dans un bois, sur une route, dans une ville, leur chien ou leur chat qui les encombrent, et fuient. Voilà comment sont récompensées la tendresse des bêtes, la fidélité des chiens, la douceur des chats… Cela ne doit plus exister. Il y a plein d'autres solutions préférables à un abandon, qui est souffrance, solitude et mort.

L'homme ou l'enfant qui a choisi de vivre avec un animal, quel qu'il soit, en a la charge matérielle et morale, c'est-à-dire qu'il est responsable de lui jusqu'au bout. Ce n'est pas un caprice, une fantaisie, c'est un engagement pour toute la vie de l'animal. Abandonner un animal est un acte odieux et inhumain.

Si, pour des raisons exceptionnelles, tu ne peux plus garder avec toi ou chez

HISTOIRE

Le chien d'Ulysse

Le poète grec Homère raconte, dans *L'Odyssée*, le long voyage que fait Ulysse pour rentrer dans son pays. Quand Ulysse parvient enfin chez lui, vingt ans plus tard, aucun voisin, aucun serviteur ne le reconnaît… sauf son chien Argos, devenu vieux et malade, qui manifeste sa joie envers son maître. Ulysse est ému, et Argos meurt peu après, le cœur en paix.

ALAIN KAISER

toi ton animal, parles-en à un vétérinaire, à une société de protection ani-male, qui t'indiqueront des refuges ou se chargeront eux-mêmes du placement.

Tu dois savoir que les animaux de compagnie vivent moins longtemps que les humains : la durée moyenne de vie d'un hamster doré est de 2 ans, celle d'une souris blanche de 2 à 5 ans, celle du cochon d'Inde est de 5 ans, le chat vit environ 14 ans, et le chien 12 ans.

Un jour ton petit compagnon mourra. Tu devras t'occuper de son corps, l'enterrer correctement ou appeler des organismes spécialisés pour cela. Qu'il s'agisse d'un oiseau, d'un poisson ou d'un chat, l'animal mort n'est pas un détritus qu'on jette à la poubelle ou sur la voirie. Ton devoir, ton affection et ta reconnaissance envers ce petit compagnon disparu demandent de respecter son corps, et son repos dans la mort. N'oublie pas de lui dire merci en même temps qu'adieu.

Les petits animaux qui sont élevés dans le cadre de l'école demandent les mêmes soins, les mêmes attentions que ceux de la maison. Tu dois t'inquiéter de leur sort tout au long de l'année, même pendant les vacances, car eux ne partent ni à la mer, ni à la montagne.

PIERRE CHEUVA

SERGE BOUTINOT/ROC

La cistude, tortue d'Europe, vit dans les marais et peut atteindre cent ans.

Chapitre 5

Marchands d'animaux

Un paquet de bonbons, une robe, un jouet, un poste de télévision, un livre, un sac à dos : ce sont des objets, des produits qu'on peut acquérir ou dont on peut faire commerce. On peut les abîmer, les endommager mais en aucun cas ces objets ne souffrent. Les animaux, eux, sont des êtres vivants, sensibles, ils aiment la liberté, leur environnement naturel, leurs congénères. Ils ont cet avantage sur nous d'être libres d'aller et de venir, sans être soumis à des horaires, à un travail, sans être liés nécessairement à un habitat fixe.

L'homme n'a aucun droit de rendre ces animaux captifs ou soumis, aucun droit de les exploiter, de les considérer comme une marchandise dont il va tirer de l'argent. Qu'il s'agisse d'animaux de nos régions ou d'animaux exotiques, la personne qui en fait commerce n'est pas, comme on pourrait le croire, une amie des bêtes, mais quelqu'un qui joue avec la sensibilité des enfants et de leurs parents pour gagner de l'argent, au détriment des animaux considérés comme des choses à vendre, sans plus.

Un transport clandestin de tortues de Corée et le triste résultat à l'arrivée.

M. POURNY/SPA

De nos jours, beaucoup de pays protègent leur faune et leur flore. Ils savent que c'est une richesse inestimable, à préserver pour le bien de tous, et ils interdisent d'exporter animaux et végétaux. Ainsi, très souvent, les animaux exotiques qui arrivent en France ont été capturés ou acquis sur place de façon illégale, transportés clandestinement et de façon odieuse : le trafiquant se moque bien du confort ou de la santé des animaux qu'il envoie en cachette (par camion, par avion, par bateau) ; une énorme proportion meurt pendant le voyage ou à l'arrivée, de soif, d'étouffement, de chaleur ou de froid : 90 % de ces animaux exotiques

M. GURFINKEL/L'ÉCOLE DE NOÉ

n'arrivent pas vivants ; mais le peu qui reste suffit à assurer un gros bénéfice.

Quand tu verras dans une animalerie perroquets, mainates, serpents, singes ou écureuils, tu peux te dire que ce sont des rescapés d'un grand massacre, mais aussi que leur existence désormais sera en captivité, loin des leurs, loin de leur pays. Si tu veux acquérir un de ces animaux, réclame d'abord un certificat de provenance, attestant que l'animal ne provient pas d'un trafic. Puis, sachant combien il a souffert à sa capture, pendant son transport, enfin comme marchandise de boutique, tu devras à son égard redoubler de soins, d'attention et de délicatesse.

Aimer un animal, ce n'est pas vouloir le posséder à tout prix, l'avoir pour soi : aimer un animal, c'est tout faire pour

LE SAIS-TU ?

- Chez la plupart des oiseaux, c'est le mâle qui chante, non la femelle. Le chant lui sert à la fois à défendre son territoire et à faire la cour à sa belle.
- L'oiseau bâtit un nid pour pondre et couver ses œufs. Le nid n'est pas une maison permanente où il dort.

qu'il soit heureux, avec ou sans toi, pour qu'il soit libre de vivre comme il l'entend, selon sa nature et non pas soumis aux caprices et aux calculs des hommes.

VLOO

De même, devant un champ de marguerites ou de narcisses, tu peux t'émerveiller ; tu n'as pas besoin, pour être heureux, de cueillir toutes ces fleurs et de les emporter chez toi.

SORTIE DE SECOURS

Tous ces animaux aimeraient retourner à leur milieu naturel. Aide-les à trouver le chemin.

DESSINS D'ETIENNE SOUPPART

BÊTISES

• Il ne faut pas faire tailler les oreilles des chiens.

• Il ne faut pas couper les griffes des chats.

M. GURFINKEL/L'ÉCOLE DE NOÉ

Si tu ne peux résister à acheter un oiseau, un poisson, un rongeur :

– Il faut bien te renseigner sur les soins que requiert cet animal. Achète des livres et des revues pour savoir si vous vous conviendrez l'un à l'autre et si tu peux lui assurer de bonnes conditions de vie. Par exemple, beaucoup de vendeurs sont très contents de vendre de petites tortues de Floride et s'abstiennent de dire que celles-ci doivent vivre dans une eau tiède, qu'il faut donc acheter un aquarium muni d'un chauffage.

– Pour chats, chiens, et autres animaux, tu dois avoir un certificat de vaccination. Beaucoup de chiots vendus dans les animaleries et autres boutiques sont malades et meurent vite. Les maladies se propagent facilement d'une cage à l'autre avec tant d'animaux entassés sans grande aération et sans véritables soins.

– Tu dois bien vérifier que le marchand ne fait pas commerce d'espèces protégées, qu'il aurait acquises illégalement et qu'il vend d'autant plus cher que ces animaux sont très rares. Ces espèces protégées sont connues et répertoriées, elles doivent rester dans leur pays et environnement naturels.

– Enfin, avec toutes ces précautions, une visite chez le vétérinaire ne sera pas inutile pour bien commencer ta nouvelle vie en compagnie d'un animal.

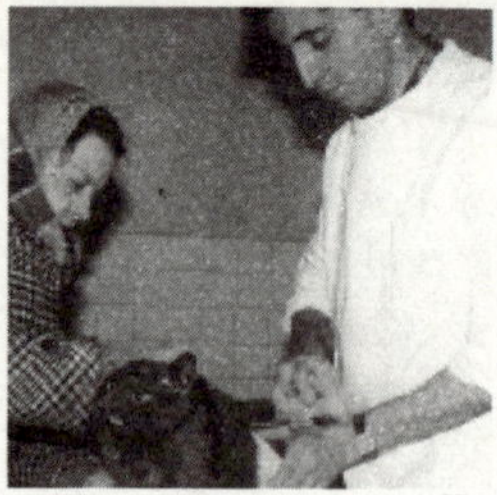

SPA

Ce qui est essentiel chez un être vivant (hommes, animaux, plantes), ce qui fait sa beauté, son prix, c'est justement qu'il est en vie. Aime, admire et respecte la vie en tous les êtres ; dès que tu les considères comme objets, marchandises, produits, ils meurent.

Tu peux coller des timbres de toutes les couleurs et de tous les pays dans un album. Ces timbres te feront rêver et voyager. Mais si tu veux figer le vol d'un papillon, si tu veux en faire une collection, tu n'auras sous ton regard que des choses mortes. Le plus beau, le plus rare papillon du monde, fixé dans une boîte, ne vaut absolument rien en comparaison d'une petite mouche qui continue de voler car elle, elle est vivante. Et la vie, nul ne peut l'acquérir même à prix d'or, nul ne peut la fabriquer.

LA POSTE 1991

HISTOIRE DE CAGES

Le canari

“Je devais avoir quatre ans et mon père, pour ce premier de l’an, m’avait donné en étrennes une mappemonde pivotante et un canari. Je fermais les portes et les fenêtres de ma chambre, ouvrais la cage et laissais le canari libre ; et il avait pris l’habitude de se poser au sommet de la mappemonde et de chanter. Cela durait des heures et des heures ; je retenais mon souffle, j’écoutais.

M. BRIDENNE

Il me semble que ce détail très simple, plus que tous les livres et tous les hommes que j’ai connus par la suite, a influé sur ma vie. Pendant des années, parcourant insatiablement la terre, saluant tout, prenant congé de tout, je sentais que ma tête était cette mappemonde et qu’un canari était posé au sommet de mon esprit, et chantait.”

Nikos Kazantzaki
Lettre au Greco (Plon)

Le perroquet

Je n’ai jamais entendu une seule expression de pitié dans le public arrêté devant la petite cage d’un gros perroquet… Or justement les grands perroquets, non seulement sont intelligents mais extrêmement actifs mentalement et physiquement...

La visiteuse au cœur tendre mais qui manque totalement de compréhension croit que l’oiseau fait une “révérence” quand il répète indéfiniment la petite inclinaison de tête qui n’est que la séquelle machinale des mouvements par lesquels il cherchait désespérément naguère une issue hors de sa cage et se préparait toujours en vain à s’envoler. Si on libère un de ces malheureux de sa prison, il passera des semaines et même des années avant d’oser véritablement prendre son essor.”

Konrad Lorenz
Il parlait avec les mammifères…
(Flammarion)

MICHEL GURFINKEL/L'ÉCOLE DE NOË

Mandrill en captivité à la Ménagerie du Jardin des Plantes à Paris.

Chapitre 6

Cirques, foires, zoos : tristes prisons

Les animaux habitent le plus souvent un espace beaucoup plus grand que la maison ou l'appartement des hommes : ce peut être toute une forêt pour un lièvre, une biche, un écureuil, la mer immense pour une sardine ou un requin, la jungle entière pour la girafe, le zèbre ou le lion, l'étendue de la banquise pour les phoques et les rennes, toute une montagne pour un ours ou un lama, toute une rivière pour un saumon, et pour les oiseaux un grand pan de ciel, avec tous ses souffles, ses nuages, ses pluies et ses lumières.

Il est très douloureux pour un être vivant de voir sa liberté se réduire, de se retrouver à l'étroit ou en prison, transporté loin des siens, loin de son pays familier.

L'animal n'est pas l'esclave de l'homme Il est, comme l'homme, habitant de la planète mais au cours de l'histoire l'homme a non seulement envahi, grignoté ou détruit le territoire des animaux mais encore, ces animaux libres, il les a capturés et emprisonnés, pour son amusement, ses caprices, ses désirs de conquête et d'argent.

L'homme n'est pas le propriétaire de la Terre : il en est l'habitant, le locataire, le responsable. Sa tâche est de préserver sa maison la Terre, et au besoin de l'embellir.

Aux siècles précédents, les zoos, les ménageries, les cirques montrant des animaux rares pouvaient avoir leur raison d'être, ils répondaient à une curiosité des gens, à un désir de connaître mieux les habitants des pays loin-

LE SAIS-TU ?

Zoo

C'est l'abréviation de parc (ou jardin) zoologique, un lieu où sont montrés des animaux d'espèces sauvages ou exotiques.

En grec, "zoon" signifie "animal, être vivant", c'est un terme qui vient du mot *"vie"*.

La fosse aux ours du Jardin des Plantes.

MICHEL GURFINKEL/L'ÉCOLE DE NOÉ

tains. C'est ainsi que Buffon a créé en France, en 1793, le Jardin des Plantes à Paris. Et beaucoup de zoos d'Europe ont vu le jour dans les années 1930.

Aujourd'hui les voyages sont beaucoup plus aisés, rapides et peu onéreux. L'avion permet de grands déplacements. Et pour ceux qui ne voyagent pas il existe, pour recevoir des images d'ailleurs, la télévision, les reportages photographiques dans les magazines, les livres et le cinéma. Tandis qu'au début de ce siècle citadins et villageois se déplaçaient dans un zoo ou un cirque pour aller contempler une panthère, un ours, un singe ou un éléphant, de nos jours on peut dire que ce sont tous ces animaux qui, par le biais des émissions télévisées, des livres et des photos, viennent à nous et deviennent comme familiers.

Dès lors, les zoos, ménageries, vivariums, aquariums et autres jardins "d'acclimatation" sont dépassés, d'un autre âge, ils ressemblent à de vieilles prisons. Pour subsister, pour être dignes d'accueillir et d'héberger des animaux, ces zoos et ménageries doivent absolument changer et devenir des lieux de vie.

B. BOISSON/L'ÉCOLE DE NOÉ

La plupart des zoos existants sont en effet des lieux de détention : cages, barreaux, fosses, animaux enchaînés ou entravés, tenus à l'étroit et souvent pas assez ou mal nourris. Presque tous les animaux des zoos, cirques et ménageries sont gravement perturbés par ces conditions de vie artificielles et douloureuses : ils tournent en rond, répètent les mêmes gestes, se rongent les pattes,

HISTOIRE

Palomar au zoo

Monsieur Palomar sent soudain le désir de sortir au grand jour, comme si maintenant seulement l'odeur des reptiles devenait insoutenable. Il doit traverser la grande salle des crocodiles, où s'aligne une file de bassins séparés par des barrières. Dans la partie sèche à côté de chaque bassin, gisent les crocodiles, seuls ou en couple, à la couleur terne, trapus, rêches, horribles, lourdement étendus, aplatis sur le sol dans toute la longueur de leurs mâchoires cruelles, de leur ventre froid, de leur large queue. Ils semblent tous endormis, même ceux qui gardent les yeux ouverts, ou peut-être sont-ils tous insomniaques du fond d'une désolation frappée de stupeur, même les yeux fermés. De temps en temps l'un d'eux se secoue lentement, se soulève à peine sur ses courtes pattes, rampe sur le rebord du bassin, se laisse choir à plat avec un bruit sourd, soulevant une vague, flotte, à moitié immergé dans l'eau, immobile comme devant. Ont-ils donc une patience démesurée, ou bien un désespoir sans fin ? Qu'attendent-ils, ou qu'ont-ils cessé d'attendre ?…

Italo Calvino

Palomar (Le Seuil))

DE RETOUR AU PAYS

Donne son nom à chaque animal et relie-le à son pays d'origine.

DESSINS ETIENNE SOUPPART

se battent entre eux, deviennent fous ou agressifs ; souvent ils ont des maladies dues à la détention. L'ours qui fait le beau pour obtenir des friandises, l'aigle cloué au sol par l'étroitesse d'une cage, le gibbon qui ne peut plus se servir de ses longs bras car il n'a pas d'arbre, le lion qui n'arrête pas de marcher en long et en large, tout ce spectacle n'est ni amusant ni instructif : ces animaux sont perturbés, loin de leur environnement ; de plus, ils sont souvent agacés et tracassés par les visiteurs qui leur lancent des cailloux, des papiers, leur donnent à manger des bonbons ou n'importe quoi et ne les laissent pas tranquilles.

L'animal n'est pas une bête de spectacle ni de divertissement, que ce soit derrière les barreaux d'une cage, dans une foire, un *marineland* (otaries, dauphins) ou dans un numéro de cirque. S'il est utilisé dans certains films, ce n'est pas pour y périr lors de cascades dangereuses ni pour figurer au nombre des victimes d'une guerre ou d'une

LE SAIS-TU ?

- Le guépard court à la vitesse de 112 km/heure.
- Lorsque le crocodile veut plonger ou rester au fond de l'eau, il avale des pierres pour s'alourdir.

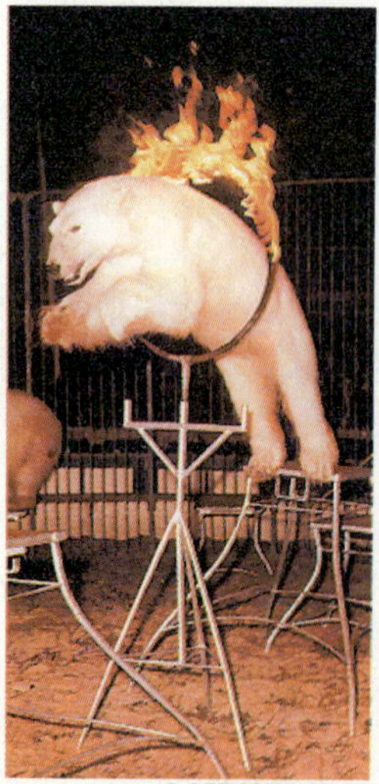

B. LEIDMANN/VLOO

tuerie. Le cheval surtout ne cesse d'être exploité à diverses occasions, toutes rentables (mais pas pour lui) : courses, sauts d'obstacles, promenades, cirques, films et défilés… Il est plus souvent considéré comme un instrument que comme un ami de l'homme et, dès qu'il est blessé ou devient vieux, il est abattu et sa viande sera encore gain d'argent.

VLOO

Dresser ou dompter un animal est par définition un acte contre nature : c'est essayer avec le fouet, la menace, les privations de nourriture et autres châtiments d'inculquer à l'animal des gestes, des attitudes, des réflexes humains, toujours avec l'idée que la seule référence, la référence supérieure, c'est l'être humain devant qui tout doit plier. Or l'animal n'est pas un homme, il a sa nature propre, ses habitudes, ses mœurs, sa propre liberté.

Comment admirer un tour de domptage, comment rire devant un numéro de cirque avec animaux, quand on sait que pour y arriver il a fallu des centaines d'heures, de coups, de menaces, humiliations et chantage pour faire d'un animal libre un animal dit "savant" – en fait asservi, aliéné ? Ce genre d'exhibition fait de la peine pour l'animal et il fait mépriser celui qui se croit le plus fort et le plus intelligent parce qu'il a réussi à faire de l'autre un pantin, un robot.

Une des nombreuses victimes des férias espagnoles.

ADDA/OABA

Les foires, les kermesses, les fêtes qui utilisent et martyrisent les animaux témoignent de la bassesse ou de l'inconscience humaines. En France, il est depuis quelques années interdit d'utiliser les animaux (poussins, canards, lapins…) pour les attractions et la loterie des foires. En Espagne, 3 000 férias ont lieu chaque année, pendant lesquelles des ânes, des chèvres, des canards et des chevaux sont massacrés pour divertir le public.

Quel plaisir peut-on avoir de prendre un animal comme cible, ou de le jeter du haut d'un bâtiment, ou de le décapiter, ou de le couper en morceaux, de le lapider ? Cela est incompréhensible. Cela indique, hélas, le niveau de barbarie dans lequel l'espèce humaine, qui se croit supérieure, continue de s'engluer.

Le seul spectacle agréable, digne d'admiration et instructif pour tous, est le spectacle offert par la nature, par les animaux en liberté qui suivent leurs instincts, qui ont leurs gestes à eux, leur rythme propre, et qui sont si beaux au naturel.

Ainsi tu profiteras de tes vacances ou de tes heures de loisir pour aller te promener dans la campagne, dans la forêt, près des étendues d'eau, et même aux abords des villes : tu pourras y observer une foule de petits animaux, tu pourras les photographier et si tu restes tranquille et silencieux, ils ne fuiront pas.

Il existe en France de nombreux parcs naturels, avec leur faune et leur

SERGE BOUTINOT/ROC

JEU

Des petits animaux ont marché sur les pages de ce livre.

Ils y ont laissé des traces de pas.

Sauras-tu les identifier ?

Bagheera

Bagheera s'étendit de toute sa longueur et ferma les yeux à demi.

— Petit Frère, mets ta main sous ma mâchoire.

Mowgli avança sa forte main brune et, juste sous le menton soyeux de Bagheera, il sentit une petite place nue.

— Il n'y a personne dans la Jungle qui sache que moi, Bagheera, je porte cette marque… la marque du collier ; et pourtant, Petit Frère, je naquis parmi les hommes, et c'est parmi les hommes que ma mère mourut, dans les cages du palais royal… Oui, moi aussi, je naquis parmi les hommes. Je n'avais jamais vu la Jungle. On me nourrissait derrière des bar-reaux dans une marmite de fer ; mais une nuit je sentis que j'étais Bagheera, la Panthère, et non pas un jouet pour les hommes ; je brisai la misérable serrure d'un coup de patte, et m'en allai. Puis, comme j'avais appris les manières des hommes, je devins plus terrible dans la Jungle que Shere Khan, le Tigre.

Rudyard Kipling
Le Livre de la jungle

JEU

La ronde des animaux

Sans faire aucun bruit, tu mimeras par des gestes, des attitudes ou des mimiques un animal de ton choix. Le premier qui devine mime à son tour un autre animal.

flore régionales, propices à la marche et à l'observation des animaux. De nombreux pays étrangers ont gardé un vaste espace, servant de réserve naturelle où les animaux vivent en toute liberté et peuvent se reproduire. Tu apprendras ainsi que l'on a avec les animaux, et les autres en général, des relations beaucoup plus enrichissantes, profondes et authentiques si on les respecte et si on les traite à égalité, que si on les asservit, si on cherche à les contraindre et à les dominer.

Un héron.

SERGE BOUTINOT/ROC

Les animaux sont sans doute le dernier rappel de notre liberté première et de notre lien avec la nature entière.

Ce message, les hommes civilisés ne doivent pas l'oublier.

Les parcs naturels de France

Fédération des Parcs Naturels
4, rue de Stockholm 75008 Paris
Tél. 42 94 90 84

DESSIN MARIE LEGRAND

1 **Nord/Pas-de-Calais**
Tél. 20 60 60 60

2 **Brotonne**
Tél. 35 37 23 16

3 **Normandie-Maine**
Tél. 33 27 21 15

4 **Armorique**
Tél. 98 21 90 69

5 **Haute Vallée de Chevreuse**
Tél. 30 52 54 65

6 **Montagne de Reims**
Tél. 26 59 44 44

7 **Forêt d'Orient**
Tél. 25 41 35 57

8 **Lorraine**
Tél. 83 81 11 91

9 **Vosges du Nord**
Tél. 88 70 44 30

10 **Ballons des Vosges**
Tél. 89 77 29 04

11 **Morvan**
Tél. 86 78 70 16

12 **Brière**
Tél. 40 88 42 72

13 **Marais poitevin, Val de Sèvre et Vendée**
Tél. 46 27 82 44

14 **Volcans d'Auvergne**
Tél. 73 65 67 19

15 **Livradois-Forez**
Tél. 73 95 54 31

16 **Pilat**
Tél. 74 87 65 24

17 **Haut-Jura**
Tél. 84 41 20 37

18 **Vanoise**
Tél. 79 62 30 54

19 **Queyras**
Tél. 92 45 06 23

20 **Les Ecrins**
Tél. 92 51 40 71

21 **Vercors**
Tél. 76 95 40 33

22 **Cévennes**
Tél. 66 45 01 75

23 **Landes de Gascogne**
Tél. 56 88 06 06

24 **Pyrénées**
Tél. 62 93 30 60

25 **Haut-Languedoc**
Tél. 67 97 02 10

26 **Camargue**
Tél. 90 97 10 40

27 **Lubéron**
Tél. 90 74 08 55

28 **Mercantour**
Tél. 93 87 86 10

29 **Port-Cros**
Tél. 94 65 32 98

30 **Corse**
Tél. 95 21 56 54

LE SAIS-TU ?

• Quelques règles pour observer les animaux dans la nature :

– être patient, calme, silencieux ; ne pas bouger ou marcher avec précaution pour ne pas les effrayer;

– être attentif : repérer les traces au sol, les bruits, les odeurs, herbes froissées ou cassées, etc.

– ne rien abîmer, ne rien emporter ; ne pas s'approcher des nids, ne pas réveiller l'animal qui hiberne, ne pas toucher les petits, etc.

STEVE ALDEN/VLOO

Daims, famille des cervidés.

Chapitre 7

"Cerf, cerf, ouvre-moi, ou le chasseur me tuera"

Que penserais-tu d'un adulte qui, pour se distraire, pour occuper ses loisirs, irait à travers champs et forêts tuer ce qu'il rencontre, oiseaux et mammifères ?

Aurais-tu de l'estime pour une personne qui réserverait une place de spectacle pour voir pendant plusieurs heures torturer un animal et qui applaudirait quand la pauvre bête, pleine de sang, est finalement abattue ?

Trouverais-tu humains et civilisés des gens qui, pour gagner de l'argent ou par soif de sang, organisent des combats d'animaux ou massacrent sans raison des animaux qui ne leur ont rien

HOLDENER/VLOO

fait, qui sont inoffensifs et sans défense ?

Pour justifier des pratiques barbares, honteuses, les chasseurs, les amateurs de corridas (mise à mort de taureaux) ou de combats de coqs invoquent les “traditions” (familiales, régionales, nationales) : “on a toujours fait cela, on a toujours vu faire cela…”. C’est un fait acquis, jamais remis en question, même au nom du bon sens.

Qu’est-ce donc qu’une tradition qui admet et perpétue souffrances, tortures et morts ? Bonnes et justes sont les traditions qui vont dans le sens de l’amélioration de la vie, de la protection de la vie, afin que les êtres vivants se sentent, ensemble, plus heureux. Est barbare et indigne toute “tradition” qui nuit à la vie, qui porte atteinte à la nature et aux êtres vivants.

On reconnaît qu’un être humain est évolué, civilisé, non au fait qu’il possède des armes (gourdin, arc et flèches, fusil, épée…), ni au fait qu’il peut faire souffrir ou détruire les autres, mais au fait qu’il fait alliance avec tous

Quand un homme désire tuer un tigre, il appelle cela sport ; quand un tigre désire le tuer, l’homme ppelle cela férocité.

George Bernard Shaw

LE SAIS-TU ?

On appelle bois les cornes des cervidés (cerfs, rennes...) et, comme des ramures, ces cornes poussent, se développent puis tombent au fil des saisons.

DESSIN MICHEL BRIDENNE

les autres : l'être humain de qualité respecte la vie de tous les autres et s'abstient de leur faire le moindre mal parce qu'il aime la vie, parce qu'il est reconnaissant envers la Terre qui l'héberge, le nourrit et l'enchante depuis des milliers d'années.

Les traditions cruelles qui existent encore de nos jours (chasse, piégeage, chasse à courre, corrida, etc.) ne subsistent que parce qu'elles s'adressent à un vieux fonds barbare, cruel, vil, un très vieux fonds de méchanceté et de bêtise qui pousse les hommes irresponsables à tout détruire sur leur passage.

Les chasseurs ne cessent de répéter qu'ils sont "les premiers écologistes", les "défenseurs de la nature". Leurs instruments de protection et leurs

DOCUMENT ROC

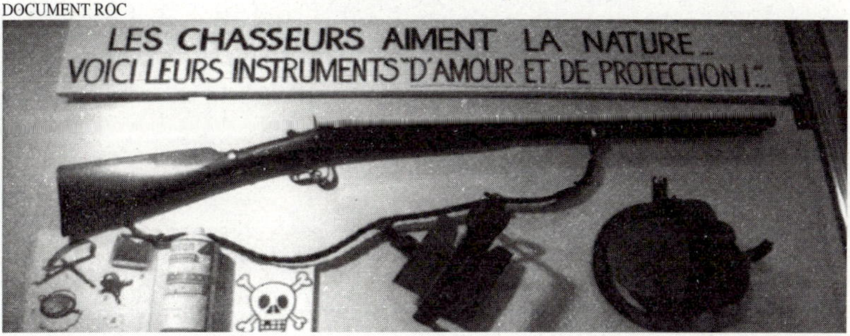

IDÉES NOIRES

preuves d'amour : fusils, poisons, pièges, filets, glu, appeaux, gaz !…

Les chiffres officiels sont terrifiants : chaque année en France, 50 millions d'animaux sont tués à la chasse, sans compter les bêtes blessées qui finissent par mourir dans un coin. Les grives représentent l'espèce la plus massacrée : 14 millions , prises à la glu, au lacet ou tirées au fusil.

La France est un pays qui compte encore 1 million 700 000 chasseurs et où il est permis de tuer ou détruire 90 espèces, alors qu'en Belgique, par exemple, moins de 20 espèces seulement peuvent être chassées. Ce qu'on appelle le gibier finit par être décimé et, chaque année, avant l'ouverture de la chasse, on lâche dans les bois et les plaines des animaux d'élevage (faisans, lièvres, etc.) qui seront tués peu après par les chasseurs. Ainsi en Sologne, plus de 90 % des animaux chassés et tués proviennent d'élevages.

A MIMER

Chanson

Dans sa maison
un grand cerf
Regardait par la fenêtre
Un lapin venir à lui
Et frapper ainsi :
— Cerf, cerf,
ouvre-moi !
Ou le chasseur
me tuera…
— Lapin, lapin,
entre et viens
Me serrer la main.

On ne peut même pas admirer dans la chasse un exploit sportif, un acte de dépassement de soi. La chasse (et davantage encore la chasse à courre) ne témoigne d'aucun courage, c'est au contraire une lâcheté sans nom : dès le départ, le combat est inégal. D'un côté, le lapin (ou le faisan, le sanglier…) qui n'a que ses pattes ou ses ailes pour fuir, et sa peur pour se cacher ; de l'autre, un ou plusieurs hommes munis de fusils, de cartouches, de bottes, de jumelles, accompagnés de chiens.

SERGE BOUTINOT/ROC

HISTOIRE

Un chasseur repenti

Saint Hubert est encore considéré comme le patron des chasseurs, alors que son histoire raconte comment il s'est détourné de cette activité meurtrière.

Cela se passait au 7e siècle de l'ère chrétienne. Hubert chassait le cerf dans la forêt d'Ardenne, un vendredi saint. Le cerf poursuivi s'arrêta et se retourna vers Hubert, qui tomba à genoux : le cerf portait entre ses bois la croix où Jésus agonisa, et il prit la parole pour dire au chasseur de se repentir et de prier au lieu de chasser.

Depuis cette apparition merveilleuse, Hubert changea de vie, il se consacra à répandre le message de Jésus et se fit remarquer pour sa grande bonté de cœur.

ALA MADRID/FONDATION BARDOT

Une corrida et ci-contre une crochet de banderille, grandeur nature.

Même lâcheté dans la corrida, où l'animal est perdu d'avance puisque le combat est totalement inégal. D'un côté un taureau, enfermé dans l'arène ; un taureau qui, les jours précédant la corrida, a été affaibli par divers moyens pour que le toréador ne soit pas inquiété ; par exemple, on le prive de nourriture, on le purge, on l'enferme dans le noir pour qu'il soit aveuglé à son entrée dans l'arène… Face au taureau : plusieurs hommes, protégés, armés de piques, montés sur des chevaux, et le fameux toréador, muni de banderilles puis de l'épée fatale, et qui se prend pour un héros alors qu'il ne s'agit que d'une tuerie dont on connaît d'avance la victime. Et cette sinistre tradition (mais qui rapporte beaucoup d'argent et qui attire les touristes) se perpétue en France (Languedoc), en Espagne et au Portugal.

De toute façon, le gibier que l'on chasse ou le taureau de corrida n'ont aucune chance de s'en sortir : c'est cela qui est indigne et écœurant. Où est la victoire de l'homme, la fierté de l'homme ? Le torero peut se revêtir d'habits brillants, ceux-ci masquent mal la noirceur de l'acte et tant de sang sur les mains et sur le sable de l'arène.

IDÉE

Avec les autres enfants de ta classe tu inventeras une affiche pour défendre les animaux : dessins, photos, texte, slogan…

Les jeunes refusent de plus en plus de suivre une “tradition” qui équivaut à torture et extermination. Ainsi le nombre de chasseurs en France a diminué, même s’il demeure important : en 1977 ils étaient plus de 2 millions 200 000, aujourd’hui on en compte 500 000 de moins. Mais les corridas continuent dans le Sud de la France, elles ont leurs supporters, leurs journalistes, et même leur école où on enseigne l'art de tuer...

Dans le Médoc, en France, le massacre des tourterelles continue, en dépit de l'interdiction de cette chasse depuis 1979. Les tourterelles sont des oiseaux migrateurs, et lorsque, venant d’Afrique, elles survolent la France au mois de mai, elles sont bien épuisées et ne pèsent pas lourd.

Des miradors en Gironde.

ALLAIN BOUGRAIN-DUBOURG/LPO

Ce sont des proies faciles pour des milliers de chasseurs, qui, pour plus d'efficacité, montent sur des miradors. Il y a environ 3 000 miradors, plantés dans le vignoble de Gironde. Le spectacle n'est ni beau, ni amusant, ni glorieux. On peut s'attrister qu'un jour proche, à cause des chasseurs bornés, les oiseaux de passage ne passeront plus jamais.

Dans le Nord, les combats de coqs sanglants ont leurs amateurs acharnés et sont l'objet de paris financiers. Les deux coqs sont munis, à la patte, d'une lame tranchante et les spectateurs les excitent au carnage. Ces combats ont été interdits en Belgique depuis une soixantaine d'années mais ils subsistent dans les départements du Nord et du Pas-de-Calais, ainsi que dans de nombreux endroits d'Amérique latine.

Si on fait un rapide tour du monde, on trouve de nombreux pays où, sous prétexte de coutumes et de traditions, l'homme fait souffrir et massacre les animaux.

Aux îles Féroé, qui appartiennent au Danemark, la population enfiévrée fait

DOCUMENT SPA

Photographie, prise à la dérobée, d'un combat de coqs.

MICHEL GURFINKEL/L'ÉCOLE DE NOÉ

LE SAIS-TU ?

• L'oiseau migrateur qui accomplit le plus grand parcours s'appelle la sterne, ou hirondelle de mer. Elle passe l'hiver au pôle Sud et vient chaque été, saison des amours, au pôle Nord. Soit le tour du monde (40 000 km) à tire-d'aile.

• Un appeau est un petit sifflet qui imite le cri d'un oiseau. Il existe toutes sortes d'appeaux, correspondant à une grande variété d'oiseaux. Le chasseur utilise ces instruments non pour dialoguer avec les oiseaux mais pour les tromper, pour leur faire croire qu'un autre oiseau les appelle, et les faire ainsi sortir de leur cachette.

La paix de la colombe

La paix de la colombe est-elle paix ?
Le léopard fait-il la guerre ?

Pourquoi le maître enseigne-t-il
la géographie de la mort ?

Qu'arrive-t-il aux hirondelles
qui sont en retard au collège ?

Est-il vrai qu'elles distribuent
à travers ciel des lettres transparentes ?

Pablo Neruda,
La rose détachée
(© Gallimard) traduit par Claude Couffon

un véritable carnage chaque année, en s'attaquant aux dauphins et aux baleines ; les mammifères marins sont repoussés dans une baie où, avec des crochets, les hommes peuvent les massacrer à loisir, n'épargnant ni les femelles ni les petits. La mer devient un bain de sang et les cétacés ne servent même pas à nourrir les habitants. Ils sont tués "pour le plaisir" et ensuite laissés à pourrir sur la plage.

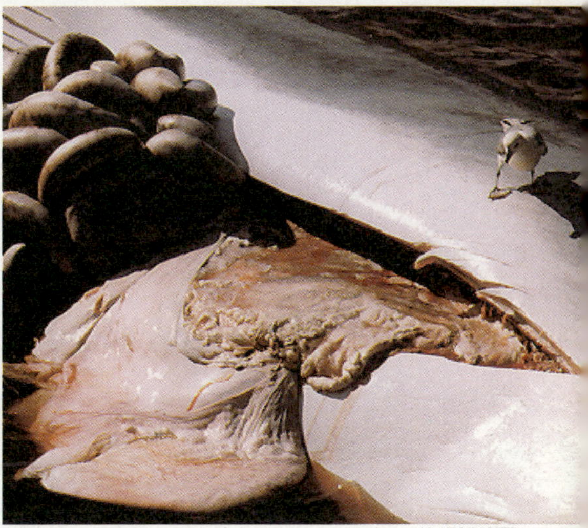

ALAIN KAISER

En Australie, comme passe-temps, des gens s'amusent à tuer la nuit avec leur automobile les kangourous éblouis par les phares.

Dans plusieurs pays d'Asie, on trouve réjouissant de faire lutter une mangouste et un serpent et on mise de l'argent sur le courage de chaque combattant.

F'MURR/LE GÉNIE DES ALPAGES
© DARGAUD

On ne peut passer sous silence les sacrifices d'animaux, encore pratiqués dans certaines religions et cultes magiques, et à l'occasion de fêtes familiales, de mariages, de funérailles. Comme si les divinités, les morts, les ancêtres avaient soif de sang et réclamaient des victimes innocentes pour apaiser leur colère ou pour être favorables aux humains. Combien de volailles, de moutons, de zébus et de chameaux ont péri ainsi, tristes instruments entre les mains des hommes, des prêtres, des magiciens de diverses religions ! C'est une croyance très primitive et tenace que d'imaginer des dieux réjouis par des morts violentes et des sacrifices sanglants.

On pourrait penser que les corridas, la chasse, les combats d'animaux permettent à l'homme de détourner sur les bêtes son agressivité, sa violence, au lieu de s'attaquer à son semblable humain. En fait, tous ces actes stupides et sanglants n'empêchent ni les guerres ni les tortures entre les hommes : ils participent d'un même aveuglement, d'un même mépris de la vie.

Tu dois te poser des questions, au lieu d'accepter telles quelles des traditions réputées anciennes et immuables. Tu dois te méfier de toute personne, de toute politique, de toute religion, de toute tradition, de toute idéologie qui admet, favorise ou préconise la torture, la souffrance et le meurtre sur les hommes et sur les animaux.

Un homme évolué, un enfant éveillé, c'est quelqu'un qui respecte, aime et favorise la vie sous toutes ses formes, qui remercie la vie comme le plus beau des cadeaux.

SERGE BOUTINOT/ROC

WSPA/LÉONARD DE VINCI

a maman a perdu le sien.

Chapitre 8

Ta maman a-t-elle un manteau de fourrure ?

Aux temps préhistoriques, c'est-à-dire pendant un million d'années, les hommes ont dû pour subsister aller à la cueillette de racines, de feuilles et de fruits sauvages. Ensuite, ils chassèrent des animaux petits et gros comme les rennes, les chevaux, les bisons, les mammouths. Et ils se protégèrent du froid et des intempéries en se couvrant de peaux de bêtes et de fourrures.

Aujourd'hui, à la fin du 20e siècle, nous avons pour nous vêtir et nous parer toutes sortes d'étoffes et de matières – laine, coton, lin… – et nous habitons des maisons solides et chauffées. Pourquoi continuer alors à tuer des animaux pour voler leur pelage qui est leur unique manteau pour la vie ?

On a fait croire que la fourrure était, pour la femme qui la portait, signe de beauté, de luxe, de réussite sociale, de richesse et de distinction. On sait aujourd'hui qu'elle représente avant tout la cruauté, qu'elle est la triste dépouille d'un animal piégé et dépecé, un manteau fait de la souffrance et du sang des animaux.

Chasseurs et trappeurs utilisent diverses techniques pour capturer les animaux (renards, lynx, castors, hermines, chinchillas…), des pièges avant tout dans lesquels les animaux agonisent longuement avant de mourir. Le piège à mâchoires est particulièrement atroce : il saisit par une patte l'animal qui passe par là et celui-ci met des jours à mourir tout en se débattant pour se libérer. Ce piège a été interdit en Allemagne, en Grande-Bretagne et en Irlande, mais il est toujours autorisé en France et dans les pays fournisseurs de fourrure. Bien sûr, divers animaux, non utilisés pour leur fourrure, se laissent prendre au piège : chats, chiens, oiseaux meurent ainsi ou en restent

LE SAIS-TU ?

Voici le nombre minimum d'animaux qu'il faut tuer pour confectionner un seul manteau :

6 phoques
60 zibelines
10 loutres
10 renards
26 castors
60 visons
40 lapins
20 kangourous
200 écureuils
30 ratons laveurs

D.R.

mutilés à vie. Les chasseurs utilisent aussi des gaz pour faire sortir les animaux de leur tanière ou les asphyxier, des collets qui les étranglent, des poisons et diverses armes plus ou moins sophistiquées.

Ce faisant, l'homme qui fait commerce de fourrure a non seulement infligé à des bêtes libres, belles et inoffensives, d'horribles souffrances afin de leur arracher leur manteau naturel, mais il a aussi peu à peu décimé bon nombre d'espèces. Les plus grands producteurs de fourrure actuellement sont les Etats-Unis, l'URSS et le Canada.

Depuis 1973, les félins à pelage tacheté ou rayé sont officielement protégés, tels les tigres, panthères, ocelots. Depuis 1977, la France n'importe plus leur fourrure et il paraît plutôt ridicule de porter leur pelage ou de l'utiliser comme tapis. Mais malgré une diminution certaine, la chasse aux phoques continue : les bébés sans défense, au pelage blanc, sont massacrés sous les yeux de leur mère et ils

MEUROU/VLOO

Un lynx.

Un chien vivant
vaut mieux
qu'un lion mort.
La Bible
(L'Ecclésiaste)

Une des actions de Greenpeace : marquer d'une croix de peinture verte les bébés phoques pour rendre leur fourrure inutilisable et ainsi leur sauver la vie.

sont dépouillés tout vifs de leur fourrure (qui servira à faire des bottes, des manteaux, des jouets…). La banquise blanche est marquée de tout le sang de ces innocents. Certains chasseurs, qui tuent uniquement pour l'argent qu'ils tireront de ces peaux, osent dire que les phoques sont trop nombreux et qu'ils mangent les poissons destinés à l'homme. On peut rétorquer pareillement que c'est l'homme qui vient pêcher en grande quantité le poisson dont se nourrissent les phoques… Mais la raison du plus fort (de l'homme armé) l'emporte sur les animaux qui n'ont que leurs cris, leur peur et leur douce fourrure pour armure.

Pour soutenir l'industrie de la fourrure, certains disent que la chasse et

Tant que les hommes massacreront les bêtes, ils s'entretueront. Celui qui sème le meurtre et la douleur ne peut récolter la joie et l'amour.

Pythagore,
philosophe grec,
6e siècle av. J.-C.

SERGE BOUTINOT/ROC

Les mentalités évoluent, heureusement. Depuis 1988, la demande de vêtements de fourrure baisse de presque 10 % par an dans le monde entier. En 1990, le Parlement européen a voté en faveur de l'interdiction d'importer quatorze espèces de fourrure, dont la loutre, le raton laveur, la zibeline, le lynx, le castor, le loup, l'hermine. Cette interdiction serait effective en 1995 ou même avant. Mais le renard roux et d'autres animaux demeurent menacés et les pièges continuent de fonctionner sans faire de distinction.

le trappage sont les seuls moyens de subsistance des Indiens ou des Esquimaux. En fait, les peaux d'animaux leur sont achetées très peu cher et cela ne constitue qu'un faible appoint annuel. Les animaux à fourrure sont exploités par les trappeurs qui à leur tour sont exploités par les industriels de la fourrure. Double esclavage, dont les fausses élégantes font aussi les frais.

A côté de la chasse et du piégeage des animaux à fourrure, il existe dans le monde entier des élevages qui fournissent des peaux de façon assurée. Le Danemark, la Chine, l'URSS, la Finlande, les Etats-Unis, la Norvège, la Suède, mais aussi la France figurent parmi les éleveurs de visons ou de renards, principales victimes de ces entreprises. Parmi les autres animaux élevés pour leur fourrure, on trouve aussi, les zibelines, les ragondins, les chinchillas.

Toute leur existence se passe en captivité et dans des conditions artificielles. Eux qui ont besoin de grands espaces, ils sont enfermés ou entassés dans des cages étroites, non isolées ; et pour les nourrir on leur donne une sorte de bouillie ou de pâtée, alors qu'ils sont carnivores. La plupart de ces animaux passent leur temps à essayer de sortir de leur prison, à s'abîmer les pattes et le museau contre le grillage qui les retient. Ils peuvent devenir fous ou, complètement prostrés, grossir au point de ne plus tenir debout.

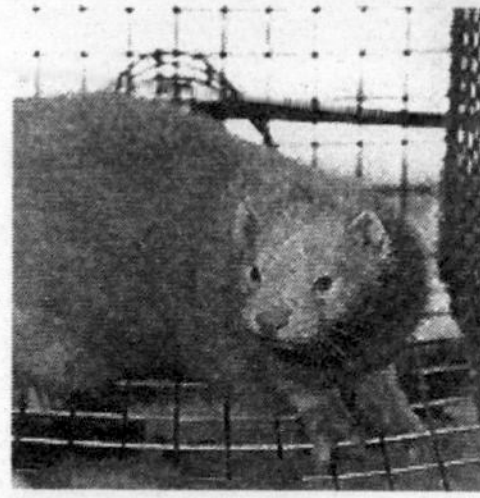

DOCUMENTS WSPA/LÉONARD DE VINCI

Jamais ces visons, ces loups, ces renards ne verront la forêt ou la neige ou le ciel; et lorsqu'on les sortira de leur cage c'est pour les tuer afin de récupérer leur peau. Les moyens employés sont horribles : peu importe la souffrance de l'animal, ce qui compte c'est que sa peau soit intacte. Les éleveurs procèdent par électrocution, gazage, étranglement, étouffement, voire dépeçage à vif. Hélas ! ce n'est pas un cauchemar, c'est la fin véridique d'une courte existence de vison, coupable d'avoir une fourrure trop jolie…

"Il peut y avoir toute une forêt dans un aboiement de renard."
Jean Giono

KIEFER/LÉONARD DE VINCI

Parmi les autres inventions sinistres, on peut nommer la fourrure appelée astrakan (venant surtout de l'Ouzbékistan, du Turkménistan, de l'Afghanistan). Il s'agit de la peau d'agneaux de la race karakul, tués quelques jours après leur naissance ; ou, dans le cas de la fourrure nommée breitschwanz, d'agneaux qu'on a fait naître avant terme et qui en meurent.

Tu le vois, toutes ces méthodes n'ont rien à voir avec le luxe, la beauté, le raffinement que l'on veut attribuer aux manteaux de fourrure. Quand on aime la vie, on ne met pas de cadavre sur ses épaules. Si on aime l'élégance et si on se dit civilisé, on ne porte pas ces dépouilles des âges préhistoriques qui dégoulinent encore de sang.

Un mouton fournit de la laine. Quand on le tond, il n'a pas mal et demeure bien vivant, bien portant ; puis sa laine repousse… Le coton provient d'un arbuste dont on cueille les fleurs – ce qui ne cause ni souffrance ni destruction. La laine et le coton permettent de fabriquer toutes sortes de

C.BERG

vêtements chauds ou légers, naturels et agréables à porter.

Il existe aussi depuis plusieurs années ce qu'on nomme fausse fourrure ou fourrure synthétique, et qui mérite le nom de fourrure écologique puisqu'elle respecte la vie et ne nuit ni aux animaux ni à l'environnement. Cette matière, qui peut parfaitement imiter les pelages d'animaux mais joue avec beaucoup d'autres motifs et coloris, est faite de fibres filées, tissées, coupées et diversement traitées afin d'obtenir un "tissu à poils" qui sera utilisé dans l'habillement, la décoration, et pour les jouets d'enfant. Cette matière est merveilleusement douce, légère et chaude, et on peut la porter sans remords puisqu'elle n'a causé la mort d'aucun animal. La "fourrure" écologique est jolie, amusante et variée, elle se lave sans problème à l'eau froide et, de plus, n'est guère chère. On peut dire qu'elle est une matière d'avenir : elle symbolise l'imagination, la sensibilité et la créativité de l'homme qui, au lieu de continuer à détruire la

D.R.

planète, cherche des solutions de remplacement astucieuses et belles.

Le petit enfant qui serre son nounours, son panda ou son koala contre lui l'aime très fort et le trouve très beau. Ces jouets n'ont pas besoin d'être en vraie fourrure pour que l'enfant s'attache à eux. En revanche, l'enfant aime caresser la fourrure d'un chat, d'un lapin, d'un hamster bien vivants. La tendresse donnée et reçue est bien plus importante que toute discussion sur le vrai et le faux.

L'enfant aime caresser sa panthère, son raton laveur en fausse fourrure, il aime voir courir les lapins dans les champs. Ce qui l'attriste, c'est que sa maman s'affuble encore de vraies peaux de bêtes qui sont les restes d'un massacre dont elle n'a pas à être fière.

TOUT DOUX

Si tu veux en savoir plus sur la fourrure écologique et en recevoir un échantillon, tu peux écrire à :

Tissavel,
2 à 8, rue de Linselles
59431 Halluin Cedex.

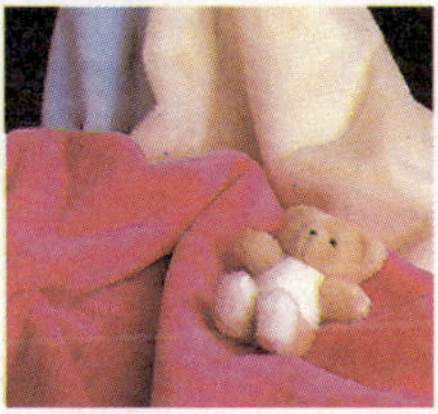

VLOO

...100 % pur bœuf !

Chapitre 9

Les animaux dans notre assiette

Tu aimes ton chat, ton chien, ton hamster, et il te paraît impensable de les manger. Lorsque tu as un bifteck ou une côtelette dans ton assiette, tu ne penses pas que c'est un morceau d'animal qu'on a élevé et tué pour fournir de la nourriture. Si tu devais tuer toi-même ce bœuf, ce veau ou cet agneau pour manger de la viande, tu ne le ferais certainement pas.

Un animal n'a jamais choisi ni accepté de devenir un animal de cirque, de zoo, de boucherie ou de laboratoire. Au nom de quoi l'homme s'est-il donné le droit d'exploiter, d'asservir, de maltraiter puis de tuer les animaux afin de s'en nourrir ?

Depuis de nombreux siècles, les hommes ont appris à semer et à cultiver les céréales, avec lesquelles on fait de la farine, du pain et de nombreuses préparations nourrissantes. Il n'y a pas si longtemps, dans les milieux ruraux d'Europe, on ne mangeait de la viande que le dimanche ou certains jours de fête. Et actuellement, dans le monde entier, de nombreux peuples vivent avant tout de riz, de blé, d'orge et autres céréales.

Est-il vraiment indispensable de manger de la viande pour grandir et pour être en bonne santé ?

Un hectare de prairie nourrit du bétail, qui fournira de la viande pour 10 hommes pendant trois semaines. Un hectare planté de céréales fournit la nourriture de 10 hommes pendant sept mois.

Depuis une cinquantaine d'années, pour des raisons de profit et de rentabilité, l'homme a mis au point diverses méthodes afin d'élever davantage d'animaux et plus rapidement : on fait avaler aux animaux des médicaments et des hormones pour accélérer leur croissance et on les entasse dans des prisons affreuses, ce qu'on appelle l'élevage en batterie. Les veaux, les cochons, les poules ne sortent jamais de leur étroite cage, ils ne peuvent ni bouger ni se

CHRISTEL ROSENFELD/VLOO

coucher. Ils ne voient pas le jour et beaucoup d'entre eux sont attachés.

Dans ces lieux, en dépit de l'immense détresse des bêtes, on ne fait pas de sentiment : on est dans une usine à viande, et on ne se pose même pas la question de la sensibilité et de la souffrance des animaux. L'élevage en batterie, industriel, est inhumain ; il n'a rien à voir avec l'élevage fermier, en basse-cour, où les animaux sont en plein air, mangent de la nourriture saine, peuvent se mouvoir et se reposer comme ils veulent. La poule, le cochon, le veau de batterie ne connaîtront jamais la saveur de l'herbe ou du grain, ils ne sentiront jamais le vent ou le soleil, ils ne courront jamais dans une prairie, sous les arbres. Leur existence horrible de victimes enfermées et enchaînées ne conduit qu'à l'abattoir.

Et c'est toute cette misère des bêtes, tout ce désespoir, que nous avalons en mangeant leur viande, cette viande faite pour grandir et être bien portant…

Les poules pondeuses élevées en batterie sont dans un état épouvantable :

LE SAIS-TU ?

• Découpe une feuille de papier de 18 cm de longueur et de 25 cm de largeur : cette surface représente l'univers d'une poule de batterie durant toute son existence.

• Trace au sol un rectangle de 120 cm de long et de 65 cm de large : c'est dans cet espace que le veau de batterie va vivre, loin de sa mère, pendant 106 jours, après quoi il ira à l'abattoir.

serrées dans un très petit espace, elles ne voient pas la lumière du jour et sont conditionnées par des éclairages artificiels pour pondre plus souvent. Beaucoup d'entre elles deviennent folles et agressives, et après un an de cette existence de forçat elles n'ont presque plus de plumes. Quelle qualité d'œufs peuvent donc pondre ces misérables poules, exploitées par des hommes sans cœur ?

Plumes provenant d'une poule élevée en plein air...

La triste existence de l'animal de boucherie se termine dans des conditions sordides, mais on ne parle jamais des abattoirs, là où l'on tue les bêtes, ni des conditions de transport très pénibles qui acheminent les animaux vers leur fin. La violence et l'indifférence à l'égard des animaux destinés à nous nourrir sont inadmissibles. Si ces

"Si vous arrêtez d'acheter... on arrête de tuer."

ABEGG/
LÉONARD
DE VINCI

NEUE ZURCHER ZEITUNG/OABA

...et celles d'une poule élevée en batterie.

animaux doivent être abattus, cela doit se faire le plus vite possible, le plus habilement possible, et après avoir endormi ou insensibilisé l'animal qui a déjà assez souffert. Mais ces conditions, définies par la loi, ne sont pas toujours respectées.

Les Juifs et les Musulmans ne mangent pas de viande de porc mais mangent d'autres animaux tués rituellement. En France la loi les oblige à s'adresser aux abattoirs, avec un personnel qualifié. Ainsi, lors de la fête

Ce jour-là, au repas de midi, les petites eurent une grande frayeur en entendant les paroles de leur père.

— Ce bœuf blanc devient impossible, disait-il, et ce matin encore j'ai cru devenir enragé à cause de ses sottises. Non seulement il fait son travail de travers, mais il répond comme le pire des effrontés, et je ne peux même plus lui faire une observation. Croyez-vous, hein ? S'il continue à se rendre insupportable, je vais me voir obligé de le vendre pour la boucherie…

— A la boucherie ? demanda Delphine. Pour quoi faire ?

— Tiens, cette idée ! pour le manger, tout simplement !

Delphine se mit à sangloter, et Marinette à protester.

— Manger le bœuf blanc ? dit-elle, mais c'est que moi je ne veux pas.

— Ni moi, dit Delphine. On ne mange pas un bœuf parce qu'il est de mauvaise humeur ou parce qu'il est triste.

— Il faudrait peut-être le consoler ?

— Bien sûr ! En tout cas on n'a pas le droit de le manger !

Marcel Aymé, *Les Contes du chat perché* (© Gallimard)

musulmane du mouton, il est interdit aux particuliers d'égorger les bêtes ; le spectacle est sauvage et sanglant, et l'animal ne doit pas périr dans d'atroces souffrances.

C'est vrai, quand on pense aux conditions d'élevage en batterie, aux abattoirs, et au sang des bêtes, on n'a plus envie de manger ce qui n'est qu'un morceau de cadavre. On a honte d'avaler un bifteck, une escalope, qui sont des tranches de mort. D'ailleurs, certaines écoles vont bientôt offrir le choix entre deux menus, l'un avec viande, l'autre sans viande

Il existe deux denrées dont la France tire gloire : le foie gras (d'oie et de canard) et les cuisses de grenouille. Du reste, ce goût étrange pour les grenouilles fait appeler les Français "froggies" par les Anglais…

Pour obtenir le foie gras, qui est en fait une maladie du foie, devenu 5 fois plus gros que la normale, on gave oies et canards, on les enferme dans des cages et on les suralimente en leur enfonçant un entonnoir dans le cou pour les obliger à avaler.

LE SAIS-TU ?

Chaque année, en France:

- sont tués pour la boucherie et la charcuterie : 39 millions d'animaux (bœufs, veaux, moutons, cochons ...). 850 millions de lapins, chevreaux, volailles.
- 45 millions de poussins sont éliminés à la naissance, car ce sont des mâles et non de futures poules pondeuses.
- on consomme 5 000 tonnes de grenouilles (importées ou "sectionnées" vivantes en France).

Je suis végétarienne car je ne peux digérer la souffrance et l'agonie des animaux.
Marguerite Yourcenar

Les cuisses de grenouille représentent une véritable industrie et un horrible spectacle. Vivantes et non anesthésiées, les grenouilles sont coupées en deux. On récupère les cuisses, et la grenouille tronquée meurt affreusement deux ou trois jours plus tard.

Peut-on appeler luxe ou gastronomie ce qui représente maladie et torture d'animaux ? Peut-on, lorsqu'on est informé, avaler sans honte et sans remords ces denrées ?

LE SAIS-TU ?

Ils s'appellent : Léonard de Vinci, Tolstoï, Jean-Jacques Rousseau, Newton, Richard Wagner, Gandhi. Ils ont tous un point commun : ils sont végétariens.

Fais une fiche sur chacun de ces personnages célèbres : leur nationalité, leur art ou leur science, etc.

PIERRE CHEUVA

De nos jours, un milliard d'êtres humains sont sous-alimentés et chaque heure plusieurs enfants meurent de faim à travers le monde. Les pays riches, eux, consomment plus qu'il ne faut, jettent et gaspillent. Ils consomment en particulier beaucoup de viande. Or, le bétail est nourri avec des céréales qui pourraient fournir beaucoup de repas aux hommes.

Ainsi, pour produire un kilogramme de viande il faut donner à l'animal environ vingt kilogrammes de protéines végétales, dont les céréales font partie. On a calculé qu'on pourrait nourrir tous les hommes de la terre avec la moitié des céréales utilisées pour nourrir le bétail.

LESER/VLOO

Si chacun réduisait sa consommation de viande, non seulement on aiderait à régler le problème de la faim dans le monde, mais encore on rendrait inutiles les diverses sortes d'élevage intensif, en batterie. Tout le monde aurait à y gagner : les êtres humains, les animaux, et la nature que l'on pille et force effrontément.

Ainsi, par réalisme sur le plan économique, par sagesse et respect de la vie, par solidarité avec tous les habitants de la planète, de nombreuses personnes pratiquent un régime végétarien, c'est-à-dire excluant totalement la viande. Les (bons) œufs, le lait, les fromages, le pain, les légumes, les céréales, les fruits, le miel, les protéines végétales comme le

MIAM MIAM

Par jour, un enfant de ton âge a besoin d'une nourriture équivalant à 1 800 / 2 500 calories et comportant, pour la croissance, 60 à 65 grammes de protéines.

Voici quelques exemples :

aliment	calories par 100 g	protéines par 100 g
bifteck	200/250	18
riz complet cru	350	8
pain blanc	260	7
pain bis	260	9
petit-suisse	190	10
gruyère	390	29
œufs	160	13
grains de soja	420	35
poulet	145	21
merlan	70	16
chocolat au lait	550	6
lentilles	335	25

Tu iras dans un magasin pour noter le prix de ces divers aliments.

Puis tu composeras un menu équilibré et au meilleur prix.

VLOO

PIERRE CHEUVA

VLOO

Vache
petite vache
génisse
un jour les hommes
  te conduiront au taureau
tu auras du plaisir peut-être
de la joie
des enfants
des fils qu'on appellera des veaux
ou des filles qu'on appellera génisses
comme on t'appelait autrefois toi
Tu les lécheras
tu feras tout le nécessaire
sans peut-être garder la mémoire
de tout ce que tu auras souffert
Puis un jour les hommes viendront
ils regarderont les veaux
ils diront qu'ils sont beaux
et bons
et ils les emmèneront
ils les tueront
ils les mangeront
Et puis tu resteras seule
avec d'autres vaches
et les hommes reviendront
avec un autre taureau
et tout cela se passera
comme la première fois
avec les bons et les mauvais côtés
  de la situation
Et puis tu vieilliras
et tu commenceras à mourir
Les hommes hocheront la tête
ils t'abattront
et ta peau
ils la vendront
Quelque chose de toi
deviendra un objet
puis un autre
des souliers
des valises
Avec les valises
les hommes prendront les trains
pour le voyage...

Jacques Prévert
Spectacle (© Gallimard)

soja (qui équivaut à de la viande, sans les souffrances et sans les toxines) suffisent largement à nourrir, sans carence, les enfants et les adultes, et avec une grande variété de saveurs. Beaucoup de maladies, en France et dans les pays riches, viennent de la suralimentation, d'une surconsommation de viande et de graisses animales.

Apprends à choisir tes aliments et à éviter ceux qui sont malsains, ceux qui ont coûté tant de souffrances aux animaux. Et demande-toi par quel tour de passe-passe le gentil agneau que tu as caressé dans un pré ou le lapin si facile à apprivoiser se retrouvent, un jour, dans ton assiette. Le choix est simple : on aime, ou on est indifférent. Et si on aime, on ne tue pas.

ALAIN KAISER

PIERRE CHEUVA

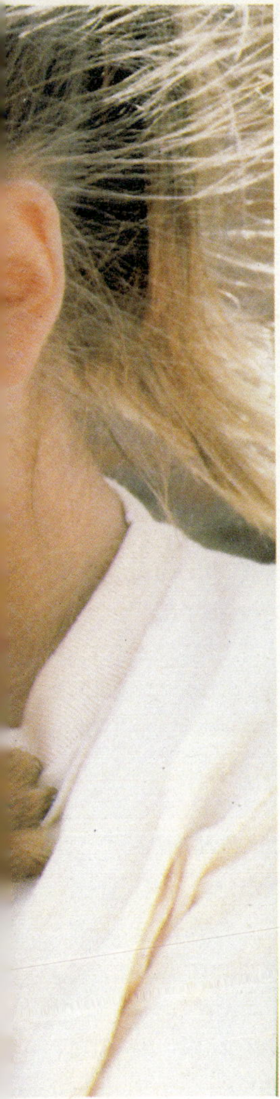

Chapitre 10

Matériel scientifique?

Sais-tu ce qu'on appelle un cobaye ? C'est l'autre nom du cochon d'Inde, ce petit rongeur originaire du Pérou et acclimaté en France depuis le 16e siècle. Mais comme cet animal familier est utilisé par milliers comme objet d'expérience dans les laboratoires où il finit par mourir, le terme "cobaye" désigne aussi toute personne sur qui on fait une expérience désagréable, nocive. Le gentil petit rongeur au pelage si doux est devenu, par son triste sort, synonyme de victime, d'être sacrifié.

Parmi les animaux qui subissent tests et tortures dans les laboratoires pharmaceutiques, pour la recherche médicale et scientifique, pour les produits de beauté, etc., on trouve, en plus des cochons d'Inde : chats, chiens, singes, lapins, souris blanches, rats, grenouilles… et aussi chevaux, vaches, poules, moutons…

Le nombre sacrifié chaque année est effarant : 8 millions d'animaux, rien qu'en France. 800 millions d'animaux dans le monde entier.

Dans quel but ces animaux sont-ils maintenus en captivité et soumis à d'horribles expériences ?

Ce que les "chercheurs" invoquent : la recherche médicale (pour comprendre et combattre les maladies humaines), la mise au point de médicaments, le lancement de nouveaux cosmétiques et produits de luxe (rouges à lèvres, parfums, shampooings, crèmes), l'élaboration de divers produits en agriculture chimique, de nouvelles substances toxiques pour l'armée, et aussi l'enseignement de diverses sciences.

Ces recherches, pour aboutir à des résultats sérieux et valables, ont-elles vraiment besoin de s'appliquer à l'animal, conçu par les chercheurs comme un "matériel", comme un "objet de laboratoire" et non comme un être sensible et pouvant souffrir ?

La leçon de choses

Venez, poussins,
asseyez-vous
je vais vous instruire
sur l'œuf
dont tous
vous venez, poussins

L'œuf est rond
mais pas tout à fait
Il serait plutôt
ovoïde
avec une carapace
Et vous en venez tous,
poussins

Il est blanc
pour votre race
crème ou même orangé
avec parfois collé
un brin de paille
mais ça
c'est un supplément

A l'intérieur il y a

Mais pour y voir
faut le casser
et alors d'où – vous,
poussins – sortiriez ?

Raymond Queneau
Le Chien à la mandoline
(© Gallimard)

Il revient à Claude Bernard, médecin et physiologiste qui vécut au 19e siècle, d'avoir imposé la vivisection (ou expérimentation sur des animaux vivants) comme méthode scientifique. Dès lors, presque tous les chercheurs se croient obligés de passer par ces expériences, qui sont de véritables tortures, pour être crédibles. Au nom de la Science, de la Santé, du Progrès, de l'Humanité… et tant d'autres abstractions majuscules qui cachent une horrible réalité.

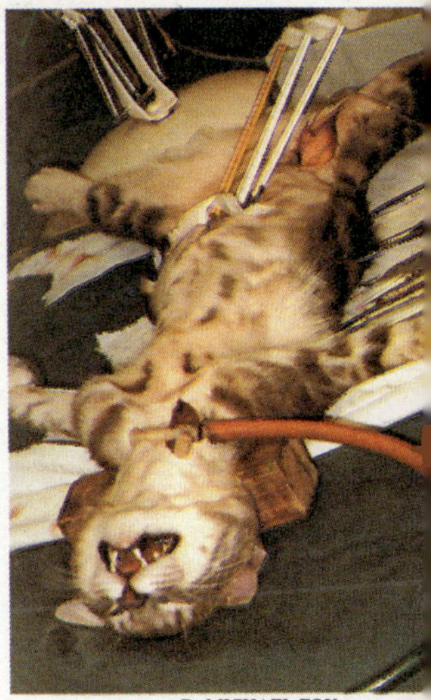
Dr MICHAEL FOX

L'homme a-t-il le droit, au nom de son bien-être personnel, d'infliger chaque jour des souffrances à un animal ? A-t-il le droit, au nom de sa santé, de tuer les animaux ?

Il existe une forte contradiction : le scientifique utilise pour la recherche médicale et pharmaceutique l'animal, considéré par lui comme le plus proche de l'homme, et les résultats obtenus sur l'animal sont transférés à l'homme. Mais ce même chercheur paraît nier que l'animal puisse, à l'égal de l'homme, souffrir, avoir peur, être angoissé, se sentir seul ou prisonnier.

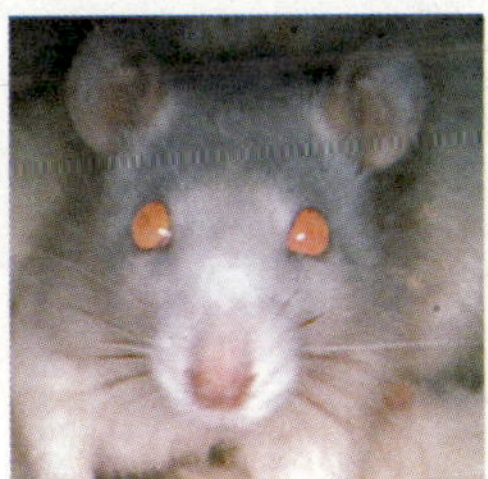
GOIVAUX

HISTOIRE

La souris du Bouddha

Le Bouddha, c'est-à-dire l'Eveillé, est un sage qui vécut en Inde au 6e siècle avant notre ère et qui a fondé le bouddhisme, une religion très pratiquée de nos jours.

La tradition rapporte que les animaux, et d'abord les petits rongeurs, ont été les premiers à reconnaître sa sagesse et la qualité de son enseignement, fondé sur le renoncement, la bonté du cœur et la compassion envers tous les êtres vivants.

Parmi les douze animaux qui ont suivi le Bouddha, on trouve le chat, le coq, le lapin, la chèvre, le singe, le cochon, le serpent. Mais la toute première disciple fut la petite souris futée. Pour la remercier, le Sage donna son nom au premier mois du calendrier asiatique.

Peut-on aujourd'hui continuer et approuver des méthodes dites scientifiques qui conduisent à mutiler, intoxiquer, brûler, terroriser, inciser, étouffer des animaux, des méthodes qui consistent à leur planter des appareils et des électrodes dans le crâne, à les enchaîner et à leur donner des décharges électriques, à leur traverser le corps d'aiguilles et d'instruments divers ?

Qu'est-ce qu'une médecine, ou une pharmacologie, qui fait si peu de cas de la souffrance des autres, qui compte pour rien le sacrifice de tant de vies ?

Les cochons et l'armée

Les cochons sont les victimes les plus utilisées par l'armée pour tester les effets nucléaires, pour mettre au point de nouvelles armes chimiques et bactériologiques.

Tous périssent, brûlés atrocement jusqu'à la mort.

N'existe-t-il pas d'autres types de recherche, d'autres médecines (appelées naturelles ou traditionnelles) qui n'ont jamais recours à ces expérimentations traumatisantes et obtiennent d'excellents résultats?

Il y a aussi dans la médecine conventionnelle (chimique et allopathique) des remèdes très efficaces qui n'ont jamais eu besoin de victimes animales : l'aspirine, la pénicilline, entre autres.

Peau artificielle réalisée par culture de cellules, vue au microscope électronique

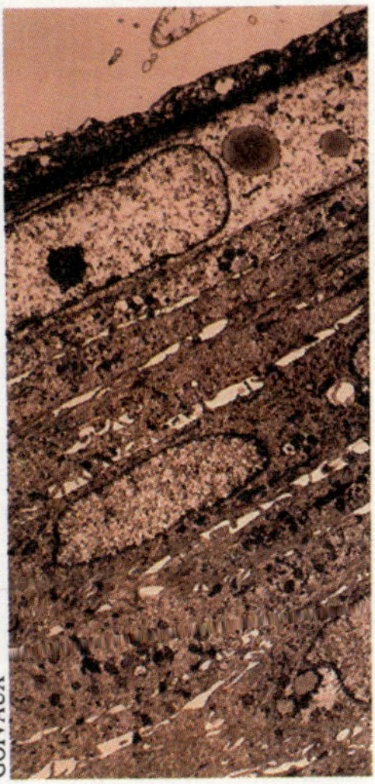
GOIVAUX

La méthode expérimentale (ou vivisection) de Claude Bernard doit être remise en question. De nos jours, il existe des méthodes de substitution, aussi sûres, moins chères et ne réclamant pas d'animaux vivants : par exemple, des cultures de cellules. Ces substituts devraient être partout encouragés, afin que cesse le grand massacre dans les laboratoires.

Une vraie recherche médicale ou pharmaceutique devrait être toujours inspirée par le respect et la sauvegarde de la vie. Si cette recherche est faite au mépris de la vie, au mépris de la souffrance, ou grâce à des tortures, elle n'est pas digne d'un être humain, ni du qualificatif de scientifique.

Un autre domaine, plus futile mais source de larges bénéfices, utilise aussi de très nombreuses victimes animales : c'est la cosmétologie, le domaine des produits de beauté et de maquillage. Pour mettre au point des crèmes solaires, des shampooings, des rouges à lèvres qui n'irritent pas, les chercheurs testent les produits sur les yeux, très sensibles, des lapins, ou bien ils les font avaler à des souris blanches, ou encore ils rasent les poils des animaux et font des plaies et lésions sur leur peau avant d'y appliquer le produit. Les pauvres animaux victimes sont attachés ou maintenus dans des boîtes, ils sont obligés de subir, jusqu'à la mort, brûlures, intoxications, maladies et irritations de la peau.

Ces laboratoires de cosmétique ont une bonne excuse pour continuer leurs atrocités : la loi française demande, aujourd'hui encore, qu'avant de lancer sur le marché des médicaments, des produits de beauté ou des détergents (lessive par exemple), ceux-ci soient testés sur des animaux vivants.

DOCUMENT SNDA

Une des nombreuses victimes des laboratoires de cosmétologie.

NON !

• Si un jour, en sciences naturelles, un enseignant te demande de disséquer ou d'ouvrir une grenouille ou une petite souris, refuse avec fermeté et indignation.

Dis-lui que tu es un être humain et non un bourreau sans cœur, et que ce découpage dégoûtant ne t'apprendra rien sur la vie.

VLOO

Heureusement les mentalités évoluent, et plusieurs marques de parfums et produits de beauté n'ont plus recours à ces pratiques honteuses, qui font rimer beauté avec cruauté. Les substances employées sont douces ou à base de plantes, et elles ne causeront aucune allergie, aucun désagrément chez la personne qui les utilise. Ou encore, comme pour la recherche de nouveaux remèdes, les produits sont testés sur des cultures de cellules. Plusieurs de ces marques de produits de beauté ont le courage d'indiquer sur

"L'homme, certes, est à l'image de Dieu, mais il existe aussi un Dieu qui a créé le lapin à son image, il est un Dieu de l'allégresse, et des tressaillements, de l'affolement et de la pullulation.

Car la mère lapine est capable de mettre bas dix portées par an. Et dix petits chaque fois. Qui saurait calculer quel nombre fabuleux de lapins cela représente en fin de compte ? Innombrables, voilà ce que les lapins veulent être. La mère lapine possède tant d'amour qu'elle ne sait rester tranquille, sans cesse elle file dans tous les sens, et en son corps, dans un coin ou un autre, cela palpite sans cesse.

Oui, le lapin est un Créateur.

Et le lapin entend tout, il sait rester devant un bouton de trèfle et l'entendre éclore et attendre les pétales."

Torgny Lindgren
La Lumière (Actes-Sud)
traduit du suédois par Marc de Gouvenain et Lena Grumbach

l'étiquette : "produit non testé sur les animaux", d'autres grands laboratoires de cosmétiques ont arrêté les expériences cruelles et inutiles.

Maintenant que tu sais cela, tu penseras peut-être que lorsque ta maman se parfume ou se passe du vernis sur les ongles, ce geste aura coûté la vue à des lapins innocents. Lorsque tu te laveras les cheveux avec un shampooing "qui ne pique pas les yeux", tu te diras que ce liquide prétendu doux a causé l'empoisonnement de plus d'une souris… Alors, réfléchis, lis bien les étiquettes, renseigne-toi, et choisis ou fais acheter par tes parents les véritables produits doux : les produits sans cruauté, qui n'ont causé nulle souffrance à nos amis les animaux.

La grenouille

La lune
file sa quenouille
pour les gre-
nouilles du château.

Quand il mouille,
la grenouille rouge
chante à tra-
vers les écluses d'eau ;

avec
son ventre d'argent,
son dos vert, nageant
au fil de la lune.

La grenouille songe…

Les grenouilles sont
les chantres des songes.

La lune
file sa quenouille
pour les gre-
nouilles du château.

La grenouille songe…
dans son château d'eau.

Maurice Fombeure
A dos d'oiseau
(© Gallimard)

SERGE BOUTINOT/ROC

TESTS

EXERCICE (TRISTEMENT) RÉCAPITULATIF

Etant donné que chaque année, en France, sont tués au minimum :

– 50 millions d'animaux à la chasse ;

– 39 millions d'animaux pour la boucherie ;

– 850 millions de lapins, volailles, etc. pour la consommation ;

– 8 millions de "cobayes" pour la recherche dite scientifique ;

– et étant donné que la France compte 55 millions d'habitants,

tu calculeras le nombre d'animaux tués par habitant et par an.

(Ce résultat ne comprend pas les animaux écrasés sur les routes, tués lors des incendies et des marées noires, empoisonnés par la pollution, etc.)

D'après toi, ces personnages aiment-ils ou non les animaux ? Pourquoi ?

un berger

un chasseur

un photographe

un vétérinaire

un enfant mangeant un œuf

un torero

une femme avec fourrure

un apiculteur

un boucher

DESSINS MICHEL BRIDENNE

VLOO

Chapitre 11

Ils disparaissent, ils ont disparu

Les animaux – poissons, reptiles, oiseaux – ont habité la terre bien avant l'apparition de l'homme. Il y a 180 millions d'années, la planète était peuplée de dinosaures, bêtes d'une taille parfois gigantesque comme le brontosaure et le diplodocus. Ces animaux préhistoriques qui ont vécu pendant 125 millions d'années ont un jour disparu, on se demande pourquoi : ont-ils été décimés par d'autres espèces ? n'étaient-ils plus adaptés à leur environnement ? y a-t-il eu changement de climat, cataclysme ?… En revanche, datant de la même époque très lointaine, crocodiles et araignées survivent encore à notre époque.

FISHER/VLOO

Le nombre des espèces animales (et végétales) s'amoindrit à un rythme inquiétant : quatre espèces au moins disparaissent chaque jour. On connaît les causes de cette disparition, qui est une destruction causée par l'homme, par la civilisation industrielle, par la pollution de l'air, de l'eau, des sols.

L'homme n'a cessé d'étendre son territoire aux dépens des autres espèces, en détériorant des forêts, des terres et des mers où vivaient, dont se nourrissaient toutes sortes d'animaux. Il a chassé et pêché des quantités de plus en plus énormes et avec des moyens de plus en plus puissants, les armes à feu prenant le relais de l'arc ou de la fronde, les explosifs et les filets de pêche remplaçant le harpon ou l'hameçon. Et puis, le désir de s'enrichir en faisant commerce d'animaux : fourrure, ivoire, blanc de baleine, carapace de tortue, trafic de gorilles ou de perroquets… Le reste de la faune est gravement endommagé par les guerres, les incendies de forêt, la pollution des eaux, les marées noires,

Le poids d'un petit oiseau qui s'y pose suffit à déplacer la terre.
Léonard de Vinci

bref, par tous les poisons que sème l'être humain sur son passage.

Parmi les animaux de nos contrées qui sont victimes de la civilisation, de ce qu'on appelle le progrès économique et technologique : les hérissons qui, en traversant les routes d'un pas lent, se font écraser par les automobilistes. Les crapauds, les lapins et d'autres petits animaux nocturnes meurent aussi de la même façon.

SERGE BOUTINOT/ROC

Chaque année, en France, des oiseaux sont piégés par milliers par les poteaux télégraphiques et électriques dont le sommet, creux, semble offrir un endroit où se loger. Mais ces oiseaux ne peuvent plus sortir de cette cachette et périssent étouffés.

A plus large échelle malheureusement, les déchets industriels rejetés dans les mers et les rivières, les lessives, les pesticides, insecticides et nitrates utilisés en agriculture intensive causent la mort de toutes sortes d'animaux. Goujons, ablettes, truites et écrevisses ne peuvent

VLOO

plus vivre dans ces rivières empoisonnées. Quant aux oiseaux qui se nourrissent d'insectes, de poissons ou de petits rongeurs, ils sont également menacés, soit parce qu'ils ne trouvent plus leur nourriture, soit parce que celle-ci est pleine de produits toxiques.

Les travaux d'aménagement d'un territoire (creuser des tunnels, construire une voie ferrée, une autoroute, édifier un barrage, etc.) changent le paysage, modifient l'environnement et perturbent aussi la faune et la flore de la région.

Les "marées noires" représentent des catastrophes écologiques, elles sont malheureusement trop fréquentes à notre époque : par accident ou par inconscience totale, les navires qui transportent du pétrole, du mazout, répandent leur cargaison dans la mer ou vidangent leur cuve. Le liquide noirâtre flotte à la surface et gagne les rivages, les plages, tout en causant la mort de milliers de poissons, de coquillages, d'algues, de tortues et d'oiseaux de mer, de phoques…

LE SAIS-TU ?

Du côté des plumes

A la Belle époque, au début du siècle, on a plumé des autruches en grand nombre pour orner le chapeau des élégantes, qui en raffolaient.
Pour avoir chaud la nuit, on met sur le lit un édredon, qui au départ était rembourré du duvet de l'eider, un canard vivant près des mers froides. C'est l'eider qui a donné son nom à l'édredon.

FERRARIS/GREENPEACE

En suivant ses instincts de chasseur et de guerrier, l'être humain va épuiser le grand réservoir des êtres vivants, des espèces végétales et animales. En France, les hiboux, les chauves-souris, les aigles et les couleuvres, entre autres, sont des espèces maintenant protégées, car ils ont été détruits en si grand nombre (comme "sales bêtes") qu'ils se font aujourd'hui très rares. On ne compte plus que quelques ours bruns dans les Pyrénées.

L'homme, par orgueil, parce qu'il se croit supérieur aux autres êtres vivants, veut réglementer le cycle de la vie, il veut maîtriser la nature et lui imposer sa loi. Ce qui le gêne, il le détruit ou l'endommage. Et il ne cesse d'inventer de nouveaux moyens de destruction – armes chimiques, bactériologiques – dont les animaux puis les humains feront les frais. Un exemple particulièrement dégoûtant : la suppression massive des lapins sauvages, vers 1950, en Australie puis en France, par le biais de la myxomatose, une maladie inoculée volontairement. Les agriculteurs

ARTUS

L'Ours

Le pôle est sans soupirs.
Un ours tourne et retourne
Une boule plus blanche
Que la neige et que lui.
Comment lui faire entendre
Du fond de ce Paris
Que c'est l'ancienne sphère
De plus en plus réduite
D'un soleil de minuit,
Quand cet ours est si loin,
De cette chambre close,
Qu'il est si différent
Des bêtes familières
Qui passent à ma porte,
Ours penché sans comprendre
Sur son petit soleil
Qu'il voudrait peu à peu
Réchauffer de son souffle
Et de sa langue obscure
Comme s'il le prenait
Pour un ourson frileux
Qui fait le mort en boule
Et ferme fort les yeux.

Jules Supervielle
Les Amis inconnus
(© Gallimard)

LE SAIS-TU ?

- La puce peut sauter 200 fois sa hauteur.
- Le calmar géant a les yeux les plus grands de tout le monde animal : 40 cm de diamètre chacun. Il est vrai que lui-même mesure 22 mètres de long.
- Le homard peut vivre 50 ans, le cacatoès 70 ans, la tortue au moins 120 ans, le kangourou une douzaine d'années.
- Un crabe grimpe le long des palmiers pour attraper des noix de coco : on l'appelle le crabe des cocotiers.

australiens et français ont répandu en toute lucidité le virus qui fit mourir par milliers les lapins de garenne, accusés de manger les prairies et les cultures. Une mort pas belle du tout : yeux et tête enflés, respiration pénible, tumeurs et inflammation.

On ne peut détruire une espèce végétale ou animale sans perturber tout le reste de la chaîne écologique. Si on défriche, si on grignote les forêts du globe, beaucoup d'animaux qui vivent de certains végétaux (racines, feuilles et fruits) disparaîtront. Si une espèce animale disparaît, une autre peut proliférer ; par exemples les grenouilles mangent les moustiques, les hérissons sont insectivores ; si grenouilles et hérissons se raréfient, il faudra faire appel à des produits chimiques toxiques pour se débarrasser des insectes jugés gênants ; et ce faisant on répandra dans le sol, dans l'air et dans l'eau des substances polluantes. Le cycle régulateur de la vie devient cycle de mort.

Vautour fauve protégeant son petit.

SERGE BOUTINOT/ROC

A travers le monde, nombreux sont les animaux sauvages menacés de disparaître du fait de la bêtise, de la violence, de l'appât du gain. La liste

VLOO

Baleine et baleineau.

des victimes est longue, et on connaît les causes de la destruction de ce patrimoine naturel.

Baleines, cachalots et dauphins sont pêchés en énorme quantité ou massacrés par pure férocité ; ils sont recherchés pour leur viande (dont les Japonais sont friands), pour confectionner divers produits (bougies, savons, rouges à lèvres peuvent contenir de la graisse de baleine). Les dauphins sont capturés dans d'immenses filets en même temps que

LE SAIS-TU ?

Le grand bleu

Le meilleur plongeur s'appelle le manchot empereur : cet oiseau de mer s'enfonce jusqu'à 265 mètres de profondeur et peut rester 18 minutes sous l'eau sans respirer.

les thons, avec qui ils se déplacent bien souvent.

Tigres, panthères, ocelots, loutres, chinchillas sont chassés pour leur fourrure ou pour faire croire qu'on est puissant.

Les éléphants sont décimés pour leur ivoire, un produit qui se vend cher. En Asie, ils ne sont plus très nombreux, et en Afrique ils disparaissent à une cadence inquiétante : ils étaient 2 500 000 dans les années 60, aujourd'hui ils ne sont plus que 400 000. Malgré les diverses interdictions et réglementations (la France a interdit récemment toute importation d'ivoire à la suite de l'émission de Brigitte Bardot SOS Animaux), on continue de tuer dix éléphants par heure dans leur pays d'origine.

LE SAIS-TU ?

Le chat n'est pas seul à ronronner. En fait, tous les félins ronronnent : tigres, lions, pumas… Mais on a moins souvent l'occasion de les caresser ou de les entendre de près.

J.P. EDIN/ROBIN DES BOIS

Les Eléphants masqués de Robin des Bois, avant une intervention chez un marchand d'ivoire.

Les rhinocéros connaissent un sort comparable puisque plusieurs pays font commerce de sa corne (réduite en poudre, elle est consommée comme tonifiant ou médicament) ; dans quelques années peut-être n'y aura-t-il plus un seul rhinocéros vivant en liberté ; les derniers exemplaires seront dans les zoos…

DESSINS D'ÉTIENNE SOUPPART

Les tortues de mer sont sauvagement dépouillées vivantes de leur carapace, qui servira à fabriquer des objets de luxe. La France importe chaque année 250 kg d'écailles. Leur espèce va s'amoindrir aussi parce qu'on leur dérobe leurs œufs dont certains raffollent.

NATHALIE MULLER/L'ÉCOLE DE NOÉ

On a détruit des milliers d'oiseaux exotiques pour parer de leurs plumes des élégantes, aujourd'hui bien démodées et ridicules. Quant aux crocodiles, lézards, serpents, ils finissent souvent sous forme de sacs, chaussures, ceintures et portefeuilles.

Les lémuriens de Madagascar, les gorilles et les orangs-outans d'Afrique pâtissent de la destruction de la forêt (ils se nourrissent de végétaux), comme en Chine le panda se fait très rare parce qu'il ne trouve pas suffisamment de pousses de bambou qui sont toute son alimentation. Les grands singes font aussi l'objet d'un trafic honteux : pour fournir des zoos, des laboratoires, et même pour leur viande.

Les phoques-moines, les tortues marines et les macareux ont terriblement souffert de diverses marées noires de ce siècle. L'ours grizzli, en raison de sa réputation de méchanceté, n'existe pratiquement plus : les chasseurs s'en sont donné à cœur joie. De même les

JEU

Dans un dictionnaire ou dans une encyclopédie, tu chercheras la différence entre : crocodile, caïman, gavial, alligator.

L'Américaine Dian Fossey a consacré sa vie à protéger les gorilles d'Afrique centrale contre les braconniers et les scientifiques : elle a été assassinée en 1985.

PETER G. VEIT/DRK

Blancs, au siècle dernier, partant à la conquête de l'Amérique, ont massacré sans distinction les Indiens et les animaux vivant sur leur terres (buffles, bisons, etc.) Et de nombreux papillons dont le morpho aux ailes d'un bleu magnifique, n'enchanteront plus nos yeux et n'iront plus visiter les fleurs : privés de vie, ils sont jalousement gardés par les collectionneurs avides ou ignorants.

SERGE BOUTINOT/ROC

Le bilan, tu le vois, est plutôt sinistre. Peut-on espérer arrêter ce massacre ? Peut-on freiner la disparition progressive des espèces ?

Déjà, plusieurs pays se sont alarmés et des gouvernements ont pris des décisions importantes pour réglementer ou interdire chasse, pêche et commerce de certains animaux. Encore faut-il faire respecter les conventions nationales ou internationales.

On a créé, dans le monde entier, de grands parcs nationaux, des réserves naturelles où la faune peut vivre et se reproduire sans être menacée ni par les chasseurs, braconniers et trafiquants ni par les promoteurs immobiliers. Les visiteurs sont admis, et s'ils sont patients

Grâce à toi, toutes ces

En France, des lois et décrets sont passés, relatifs à la protection de la nature.

Aujourd'hui sont recensées de nombreuses espèces qui sont protégées, totalement ou partiellement.

La loi interdit de détruire, de blesser, de capturer, de naturaliser et de commercialiser le espèces animales totalement protégées, qu'il s'agisse d'un oiseau (hirondelle, mésange, pic-vert, cigogne), d'un poisson (esturgeon), d'un insecte (criquet, scarabée, papillon), d'un mammifère (chauve-souris, écureuil, castor, ours, hérisson), d'un mollusque (escargot) ou d'un reptile (couleuvre, vipère, tortue de terre).

espèces pourront vivre

Partis sans laisser d'adresse

• Au 17e siècle, **le dodo**, un oiseau qui vivait dans l'île Maurice et qui a été mangé jusqu'au dernier par les marins qui ont débarqué sur l'île .

• Au 19e siècle, **le grand pingouin**, tué pour faire de ses plumes douces des oreillers .

• **L'auroch**, un bœuf sauvage noir qui vivait en Europe centrale et n'a pas reparu depuis le Moyen Age…

LE BARON NOIR
© GOT & PÉTILLON

et respectueux, ils pourront observer les animaux sauvages en liberté.

C'est bien triste de se dire que, dans quelques années, si on continue à piétiner la nature, on ne verra plus qu'en photo des animaux à jamais disparus de la planète, par notre faute.

QUELQUES SOLUTIONS

• Sais-tu qu'en France on a creusé sous les autoroutes et les rails du TGV plusieurs voies souterraines qui permettent aux crapauds de traverser sans se faire écraser ? On les appelle des "crapauducs", et leurs usagers ne paient pas de péage.

• Un petit arbre qui pousse dans le désert, le jojoba, vient au secours de la grosse baleine et du cachalot, dont on convoite le blanc pour certains produits de beauté. Il fournit des graines dont l'huile, très douce, remplace sans difficulté et sans cruauté le gras utilisé dans les crèmes, shampooings ou rouges à lèvres.

• Un palmier qui pousse en Amérique du Sud produit de grosses noix qui, polies, ressemblent tout à fait à l'ivoire de l'éléphant, mais sans massacre et sans contrebande..

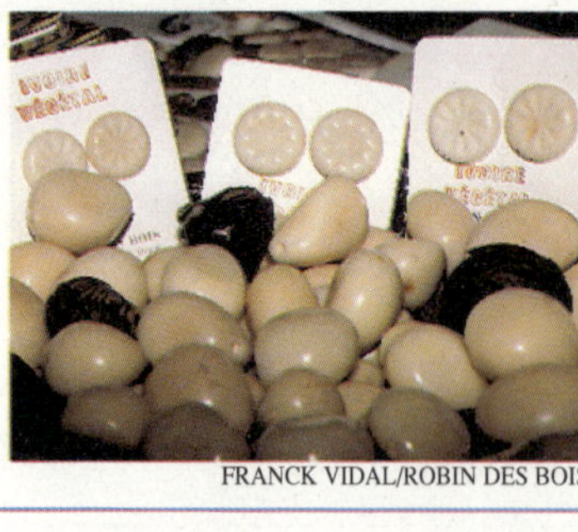
FRANCK VIDAL/ROBIN DES BOIS

Les marmottes sont faciles à apprivoiser.

Et l'être humain (de l'espèce appelée "homo sapiens" c'est-à-dire "sage") finira par se détruire lui-même en polluant ou en épuisant toutes les ressources naturelles.

Il est urgent de protéger les espèces menacées. Il est tout aussi urgent de changer notre comportement, et de respecter la nature qui est notre maison et notre subsistance. La Vie doit continuer, sous ses formes multiples, à nous émerveiller, à nous étonner.

De ces hérissons écrasés, vous en voyez des dizaines qui ont bien l'air d'avoir eu une mort de hérissons. Leur museau aplati par le pied du cheval, leurs piquants éclatés sous la roue, ce sont des hérissons crevés et c'est tout. Ils sont crevés, en raison de la faute originelle des hérissons, qui est de traverser les chemins départementaux ou vicinaux sous prétexte que la limace ou l'œuf de perdrix a plus de goût de l'autre côté, en réalité pour y faire l'amour des hérissons. Cela les regarde. On ne s'en mêle pas. Et soudain vous en trouverez un, un petit jeune, qui n'est pas étendu tout à fait comme les autres, bien moins salement, la petite patte tendue, les babines bien fermées, bien plus digne, et celui-là on a l'impression qu'il n'est pas mort en tant que hérisson, mais qu'on l'a frappé à la place d'un autre, à votre place. Son petit œil froid, c'est votre œil. Ses piquants, c'est votre barbe. Son sang c'est votre sang.

Jean Giraudoux, *Electre* (Grasset)

PIERRE CHEUVA

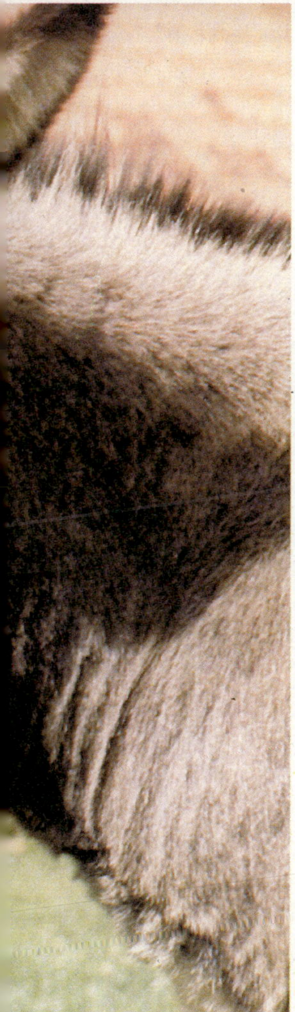

Chapitre 12

La nouvelle Arche de Noé

Dans les forêts, les prairies, les déserts, dans le ciel, dans les océans et les rivières, en plein soleil, sur la neige et la glace ou sous la terre, vivent les animaux. Ils furent les premiers habitants de la Terre mais de cela ils n'ont tiré ni gloire ni envie d'asservir ou d'écraser les suivants, les hommes.

Les animaux sont là, tout simplement, ils vivent sans envie de nuire aux autres, ils jouent, ils s'aiment, ils mangent, ils dorment, ils s'activent ; ils sont heureux de vivre quand l'homme ne s'en mêle pas. Ils représentent, avec toute leur diversité, un hommage à la Vie.

Les animaux ne sont pas faits pour nous servir mais beaucoup nous aident volontiers.

Ils ne sont pas faits pour être massacrés mais pour nous émerveiller, et aussi pour nous rappeler la force de vie qui circule en nous et à qui nous devrions dire merci.

Depuis des époques très lointaines, les animaux ont été de précieux auxiliaires de l'homme, pour le transport, la culture des terres, pour lui donner vêtement, nourriture et protection. De nos jours encore, il y a de nombreux exemples de coopération entre l'animal et l'homme : les chiens qui guident les aveugles, qui alertent les sourds ; les chiens de sauvetage qui vont chercher des personnes ensevelies

PUB

• Découpe dans des magazines des publicités qui utilisent des animaux pour vendre leurs produits.

• Trouve au moins trois marques (de vêtements, de voyages, de produits alimentaires…) dont le nom est emprunté à un animal : par exemple, "la Vache qui rit", "Naf-Naf"...

Un chien est mort

Mon chien est mort.
Je l'ai enterré au jardin
près d'un vieil engin sous la rouille.
Là, ni plus bas,
ni plus haut,
un jour il me retrouvera.
Pour le moment il est parti avec son poil,
avec ses airs mal élevés et son nez froid.
Et moi qui ne crois pas, matérialiste,
au ciel promis, au ciel céleste
pour aucun homme quel qu'il soit,
pour ce chien ou tout autre chien
je crois au ciel, oui, je crois en un ciel
où je n'entrerai pas, mais où il m'attend lui
en agitant la queue ainsi qu'un éventail
pour qu'à mon arrivée l'affection m'y accueille.

Pablo Neruda, *La rose détachée*
(© Gallimard) traduit par Claude Couffon

DESSIN MICHEL BRIDENNE

LE SAIS-TU ?

• Les poissons existent depuis 500 millions d'années.

Les reptiles existent depuis 250 millions d'années.

Les mammifères, ainsi que les dinosaures, sont apparus il y a 180 millions d'années.

Les oiseaux sont nés voici 140 millions d'années.

Et le petit dernier est l'homme, arrivé sur la Terre il y a 3 millions d'années.

• L'homme représente une seule espèce parmi les 6 000 espèces vivantes des mammifères.

à la suite d'une avalanche ou d'un tremblement de terre ; les chevaux qui permettent la rééducation de jeunes handicapés grâce à l'équitation ; les pigeons voyageurs qui ont transporté des messages en des périodes troublées.

C'est en observant les animaux en liberté, leur façon de se nourrir, de se soigner, que l'homme a découvert la saveur de certains fruits ou racines, l'utilité de plusieurs plantes et remèdes. C'est en observant le comportement des animaux que l'homme en a appris davantage sur lui-même. C'est en les prenant pour modèle qu'il a mis au point de géniales inventions, tel l'avion, imaginé par Léonard de Vinci d'après les chauves-souris.

Cadeau d'oiseau
Un très vieux perroquet
vint lui porter ses
graines de tournesol
et le soleil entra dans sa
prison d'enfant.

Jacques Prévert
La pluie et le beau temps (© Gallimard)

Les animaux ne connaissent ni la haine ni le désir de vengeance à notre égard, en dépit de notre comportement souvent lâche ou méchant. Chats, chiens, lapins, ânes, poneys témoignent d'une grande patience à l'égard des petits enfants et ils offrent, une fois pour toutes, leur tendresse et leur amitié. Leur amour est souvent plus durable et profond que bien des relations et des affections humaines. Là-dessus, ils ont à nous apprendre.

Patience, gentillesse, dévouement même, ces qualités des animaux ont permis de belles réussites auprès de personnes marginales, défavorisées ou rejetées. On a confié un chien, un lapin, un chat, un oiseau ou un cochon d'Inde comme compagnon à des prisonniers, à des enfants perturbés,

D.R.

à des malades, à de jeunes délinquants : l'état de l'individu s'est amélioré rapidement et considérablement. Les animaux familiers remontent le moral et redonnent le sourire et l'espoir aux personnes malades, âgées ou isolées. Ils sont un remède vivant et charmant à l'angoisse, au stress, à la dépression. On a même remarqué que caresser un chat, un chien, faisait baisser la tension des personnes nerveuses.

VLOO

La présence et la tendresse d'un animal sont très importantes dans le développement de l'enfant qui apprend ainsi, par des jeux, des caresses ou des coups de patte, la vie avec les autres, les limites à ne pas franchir, et qui acquiert, en s'occupant de son animal, le sens de la responsabilité. Le chat, le lapin, le chien ou le hamster sont souvent les premiers confidents de l'enfant, ceux qui consolent ses gros chagrins, ceux qui le font rire, ceux qui ne l'abandonnent jamais et le comprennent toujours car ils ne sont que tendresse.

"Le jour viendra où le fait de tuer un animal sera condamné au même titre que celui de tuer un humain."
Léonard de Vinci

REURI/L'ÉCOLE DE NOÉ

Malgré la gentillesse, la confiance, l'aide offertes par les animaux au fil des

DÉCLARATION DES PETITS AMIS DES ANIMAUX

1

Tous les animaux ont, comme moi,
le droit de vivre et d'être heureux.

2

Je n'abandonnerai pas l'animal qui vit avec moi ;
je ne voudrais pas que mes parents m'abandonnent.

3

Je ne ferai pas de mal aux animaux ;
ils souffrent comme les hommes.

4

Je ne tuerai pas les animaux ;
tuer par jeu ou pour l'argent est un crime.

5

Les animaux ont, comme moi, le droit
de vivre libres ; les cirques et les zoos
sont des prisons pour les animaux.

6

J'apprendrai à observer, à comprendre
et à aimer les animaux ; les animaux
m'apprendront à respecter la nature et la vie.

Texte adopté par la Ligue des droits de l'animal et les Ligues nationales affiliées lors de la troisième réunion internationale sur les droits de l'animal.
(Londres, 21-23 septembre 1977)

N. MULLER/L'ÉCOLE DE NOÉ

siècles, les hommes continuent de se montrer non seulement ingrats mais cruels à leur égard. Certains ont le cœur desséché au point de torturer et de tuer des animaux innocents : dans les laboratoires, dans les élevages industriels, à la chasse, à la corrida…

Comment est-il possible, humainement possible, d'éventrer un bébé phoque qui vous regarde de ses yeux ronds et candides, ou un dauphin, si malin, qui paraît toujours avoir le sourire ?

Comment peut-on avec un fusil tirer sur un oiseau si fragile, si gracieux ?

Comment peut-on froidement assassiner chats, chiens, lapins, singes et tant d'autres animaux alors que ceux-ci sont tout prêts à se lier d'amitié avec vous et pour la vie ? Comment peut-on

L'ÂNE CULOTTE

"J'entendis un bruit de pas, un froissement de branches, et j'aperçus l'Âne Culotte. (...)

Il était beau, de poil luisant, étrillé de frais, couvert de rosée odorante et il semblait irréel. Ce n'était plus un âne de la terre, un baudet de village ; mais l'âne type, l'âne pur, l'idée même de l'âne. Jamais je n'avais remarqué la noblesse de son maintien ; son pas tranquille ; le calme mouvement du col, et l'indulgence que dénotait le port nonchalant de ses oreilles. Ainsi rendu à la liberté naturelle, sans bât, sans pantalons, perdu jusqu'au poitrail dans les grandes jonquilles de montagne, il me parut sortir de quelque fabuleuse contrée.

(...) Il leva la tête et me vit. Jamais je n'oublierai ce regard, le plus grave, le plus raisonnable regard de bête qui se soit levé jusqu'à moi. Plus de résignation, ni de sombre patience, plus de mélancolie venue des profondeurs d'un esclavage millénaire, mais une sorte de dignité animale, de conscience modeste, de bonté sans rancune. Non plus un regard de bête soumise, mais un regard de bête libre, de bête associée."

Henri Bosco
L'Âne Culotte (© Gallimard)

écorcher des pelages si beaux et si doux à caresser ? Comment peut-on disséquer toutes ces petites bêtes inoffensives au regard implorant ?

L'homme, au 17e siècle, s'est défini comme un être pensant. Une plus juste définition serait : l'homme est un être guerrier. La plus vieille épidémie de la planète, la plus tenace aussi, s'appelle la violence.

Il est grand temps d'arrêter notre agressivité, nos menaces et nos violences à l'égard de la nature, des

En tirant d'affaire
un insecte en détresse,
je ne fais que
d'essayer de payer
quelque chose
de la dette toujours
renouvelée
de l'homme
à l'égard des bêtes.

Albert Schweitzer
Prix Nobel de la Paix
1952

animaux et bien sûr des autres êtres humains. A nous, à toi, à chacun de décider et de faire en sorte que la planète Terre soit une nouvelle Arche de Noé, où la Vie est aimée et respectée, où chaque être a sa place et sa liberté.

Chaque espèce est nécessaire et indispensable à l'équilibre et à la survie de la planète entière. Nous sommes, tous, biologiquement unis : les animaux, les végétaux, les êtres humains sont des espèces vivantes dépendant les unes des autres.

Cette unité du vivant, il reste à la vivre avec le cœur : c'est ce qu'on appelle la solidarité, ou la fraternité.

ALAIN KAISER

Des livres à moins de 100 F

dans une vingtaine de collections

Patte à Patte
(21 × 21 cm, 32 p., 48 F)
Milan
12 titres, un animal par livre : la coccinelle, le cerf, le manchot…

Le Monde en Poche
(12 × 18 cm, 78 p., 37 F)
Nathan
Le monde des abeilles, L'évolution de la vie…

Grandeur Nature
(20 × 27 cm, 64 p., 87 F)
Nathan
L'éléphant, Le dauphin…

Nature Découverte
(23 × 27 cm, 54 p., 63 F)
Casterman
L'ornithologue raconte…

La nature en 101 questions
(21 × 28 cm, 24 p., 38 F)
Casterman
La mer…

Guide de terrain
(15 × 22 cm, 128 p., 69 F) Casterman
Les insectes, Les oiseaux, Les bords de mer…

Les grands défis
(22 × 29 cm, 30 p., 69 F)
Epigones
Protéger les espèces, Sauver la planète…

Atlas Nature
(22 × 29 cm, 64 p., 69 F)
Animaux menacés, Bébés animaux, Requins, Reptiles…

Fleurus Enfants
(25 × 32 cm, 28 p., 69 F)
La croisade des éléphants, Une reine pour les baleines… (récits)

Petite encyclopédie des grands animaux
(24 × 31 cm, 64 p., 95 F)
Bordas
Crocodiles et alligators, Baleines, Requins, Dauphins…

Les bêtes noires
(19 × 26 cm, 48 p., 64 F)
Bayard avec l'équipe du Musée en herbe, illustrations de Puig Rosado : Les survivants de la préhistoire, Les grands méchants loups, Un croco-dile peut en cacher un autre, Attention, ils vont disparaître…

Les chemins de la découverte
(19 × 23 cm, 40 p., 58 F)
Gallimard
Une araignée, un oiseau, un serpent, un crocodile…
une douzaine de titres.

Découverte Benjamin
(12 × 18 cm, 40 p., 33 F)
Gallimard
Loup qui es-tu ?, Malins comme les singes, Le cochon et ses cousins…
une trentaine de titres sur les animaux.

Découverte Cadet
(12 × 18 cm, de 40 à 95 F) Gallimard
Le Livre des… Oiseaux, Chevaux, Animaux sauvages…
une dizaine de titres sur les animaux.

Les Yeux de la découverte
(22 × 28 cm, 64 p., 95 F)
Gallimard
Le nid, l'œuf et l'oiseau, Vie et mœurs des poissons… une dizaine de titres sur le monde animal.

Les Carnets d'Arthaud
(10 × 19 cm, 140 ou 160 p., de 59 à 69 F)
Animaux menacés d'Europe, Traces et indices…

Les Guides du naturaliste
(poche, à partir de 64 F)
Delachaux et Niestlé
Des traces d'animaux, Les rapaces nocturnes, La vie du hérisson, Guides des mammifères, des papillons…

Où voir les oiseaux ?
(13 × 19 cm, 80 p., 49 F)
Nathan / LPO
Midi de la France, 200 km autour de Paris, Littoral atlantique…

L'homme et…
(16 × 24 cm, 72 p., 75 F)
Le Léopard d'Or
Les animaux disparus, Les fossiles, Les dinosaures…

Planète Verte
(23 × 28 cm, 48 p., 65 F)
Rageot
Protéger la faune sauvage, Les forêts tropicales…

L'Œil vert
(26 × 19 cm, 24 p., 44 F)
Hatier
Les animaux bâtisseurs, migrateurs, solidaires…

Des magazines

César le corbeau de Wapiti, *dessiné par Michel Trublin*

pour les jeunes

Coulicou
Mensuel d'éveil à la nature (3 à 8 ans), 20 F.

Hibou
Le magazine "nature" des jeunes, mensuel, 20 F.

Wapiti
Un œil futé sur la nature (7 à 13 ans), mensuel, 25 F.

La Hulotte
Jeux et découvertes, 75 F les 6 numéros, seulement sur abonnement : La Hulotte 08240 Boult-aux-Bois.

pour tous

Animaux-magazine
La revue de la SPA comprend une section juniors. Mensuel, 15 F, un numéro gratuit sur simple demande : SPA, 39, bd Berthier 75017 Paris.

Mag'animal
Mensuel, 22 F.

Noé
Le nouveau magazine de l'animal, mensuel, 28 F.(sans lien avec L'école de Noé).

L'Oiseau
Le magazine de la LPO, trimestriel, 30 F : LPO, BP 263 17300 Rochefort.

Terre Sauvage
Un autre regard sur la nature, mensuel, 29 F.

30 millions d'amis
Mensuel, 17 F.

Vie sauvage
Encyclopédie Larousse des animaux, par fascicules, hebdomadaire, 19,50 F.

La Voix des bêtes
Publié par Assistance aux animaux, mensuel, 12 F.

Idées

Chants d'oiseaux et voix de la nature sur cassettes et disques compacts
Sittelle
Chateaubois
38350 La Mare
Tél. 76 81 23 95

Participer à toutes les **activités de la ferme**, avec des enfants d'Europe, hébergement :
Ferme européenne des enfants
76660 Grandcourt Tél. 35 94 70 90

Le Village des tortues
BP 24 - 83590 Gonfaron
Tél. 94 78 26 41
(fermé janvier et février)

DOCUMENT SCECGA

Voyager avec un âne dans les Cévennes

GentiAne
Castagnols 48220 Vialas
Tél. 66 41 04 16

TramontAne
La Rouvière
48110 Saint-Martin-de-Lansuscle
Tél. 66 45 92 44

Observer les oiseaux

– En baie de Somme : oiseaux migrateurs (de Pâques à la Toussaint)
Parc de Marquenterre
80120 St-Quentin-en-Tourmont
Tél. 22 25 03 06

– Au cœur de la ville de St-Quentin, sur près de 50 ha (toute l'année, visites organisées pour les classes ou groupes)
Réserve naturelle des Marais d'Isle
02100 St-Quentin
Tél. 23 06 30 00

Connaître les chiens d'aveugles
Visites sur demande à l'Ecole des chiens guides d'aveugles,
Bois de Vincennes,
105, avenue de St-Maurice, 75012 Paris
Tél. (1) 43 65 64 67.

Découvrir les abeilles (visites de ruchers)
Société centrale d'apiculture. 41, rue Pernety, 75014 Paris
Tél. (1) 45 42 29 08.

Prêt d'expositions sur l'ours, les rapaces, la vie pastorale…
FIEP, BP 508,
64100 Pau Univ. Cedex
Tél. 59 27 55 16.

Une idée-cadeau
Le jeu "Sauvons les animaux" de la SPA.
3 000 questions et réponses, style Trivial Pursuit, 200 F port compris, SPA BP 05 75017 Paris

Si tu veux en savoir plus...

par ordre alphabétique

Artus
(protection de l'ours des Pyrénées)
BP 50
41353 Vineuil Cedex
Tél. 54 81 50 09

Assistance aux animaux
(dispensaire, refuges…)
23, avenue de la République
75011 Paris
Tél. (1) 43 55 76 57

Association pour la défense des animaux de compagnie
(ADAC)
3, rue de l'Arrivée
75015 Paris
Tél. (1) 45 38 70 06

Centre d'hébergement des équidés martyrs
(CHEM)
Protection et défense des chevaux et ânes
3, rue de Lyon
75012 Paris
Tél. (1) 43 43 18 41

Domaine de Pech-Petit
(maison de retraite pour chevaux)
BP 5036
59700 Marcq-en-Barœul

Fédération des clubs et écoles de chiens guides d'aveugles
40, rue de Malte
75011 Paris
Tél. (1) 47 00 12 36

Réponses aux jeux

• **Traces d'animaux (p. 61)**
p. 10 : chat / p. 12 : chien / p. 14 : moineau / p. 16 : homme / p. 20 : loup / p. 22 : chouette ou hibou / p. 30 : blaireau / p. 32 : pigeon / p. 36 : hamster / p. 38 : chat bondissant / p. 42 : écureuil / p. 46 : raton-laveur / p. 56 : ours / p. 58 : chevreuil / p. 60 : perdrix / p. 68 : putois / p. 70 : lynx / p.74 : cerf / p. 78 : mouette rieuse / p. 84 : hermine / p. 86 : loutre / p. 114 : hérisson / p. 118 : loup au galop / p. 126 : sanglier / p. 136 : héron.

• **p. 10 (Boa ?).** Insectes : abeille, scarabée, libellule / Mammifères : baleine, souris, hérisson, roussette (chauve-souris) / Reptiles : lézard, crocodile, boa / Oiseaux : cigogne, autruche, rossignol / Poissons : sardine, saumon, roussette (petit requin), anguille / Batracien : crapaud.

• **p. 13 (Coa ?).** Le lion rugit, la pie jacasse (ou jase), la grenouille coasse, le mouton bêle, le chameau blatère, le canard cancanne, l'éléphant barrit, l'âne brait, la poule glousse (ou caquette), le dindon glougoute, le cerf brame, le corbeau croasse, le hibou bouboule, le renard glapit.

• **p. 23 (Comme...).** Laid-singe, têtu-âne, rusé-renard, mou-limace, gai-pinson, malin-singe, muet-carpe, myope-taupe, bavard-pie, dormir-loir, courir-zèbre, crier-putois, sauter-puce, se battre-lion.

• **p. 29 (Le plat préféré).** Lézard-moustique, éléphant-herbe, grenouille-moustique, phoque-poisson, rouge-gorge-chenille, pélican-poisson, écureuil-noisette, aigle-souris, coccinelle-puceron, tamanoir-fourmi.

• **p. 48 (Sortie de secours).** Ecureuil : 1 / Colibri : 3 / Tortue : 4 / Fennec : 2

• **p. 57 (De retour au pays).** Ours blanc : Grand Nord, Canada. Otarie : Grand Nord et Amérique centrale (selon saison). Bison : Etats-Unis. Renne : Grand Nord (Caribou au Canada). Kangourou : Australie. Rhinocéros : Afrique noire, Inde, Indonésie. Lama : pays andins. Chameaux et dromadaires : Afrique du Nord, pays arabes, Asie centrale, Inde. Eléphant : Afrique noire, Afrique du Sud, Inde, Indonésie. Lémurien : Madagascar.

• **p. 111** Plus de 17 animaux par habitant (sans les poissons et les grenouilles).

Fondation Brigitte Bardot
4, rue Franklin 75116 Paris
Tél. (1) 45 25 24 21

Fondation Cousteau
25, avenue de Wagram
75017 Paris
Tél. (1) 47 66 02 46

Fonds d'intervention pour les rapaces (FIR)
29, rue du Mont-Valérien
92210 Saint-Cloud
Tél. (1) 47 71 02 87

FRAPNA (protection des chauves-souris)
5, place Bir-Hakeim
38000 Grenoble
Tél. 76 51 58 98

Greenpeace (baleines, dauphins, nucléaire...)
28, rue des Petites-Ecuries
75010 Paris
Tél. (1) 47 70 46 89

Handi-cheval (rééducation par l'équitation)
124, avenue de Villiers
75017 Paris

Léonard de Vinci
(fourrure, alimentation, expérimentation...)
25, bd de Strasbourg
94130 Nogent-sur-Marne
Tél. (1) 48 75 12 83

Ligue contre la vivisection (LFCV)
Château de Liman
84550 Mornas
Tél. 90 29 61 11

Ligue des droits de l'animal
(réflexion sur l'éthique...)
61, rue du Cherche-Midi
75006 Paris
Tél. (1) 42 22 25 91

Ligue pour la protection des oiseaux (LPO)
La Corderie royale
BP 263 - 17300 Rochefort
Tél. 46 99 59 97

Œuvre d'assistance aux bêtes d'abattoirs (OABA)
10, place Léon-Blum
75011 Paris
Tél. (1) 43 79 46 46

Pro Anima (méthodes substitutives à l'expérimentation animale)
92, rue Perronet
92200 Neuilly
Tél. (1) 46 24 90 57

Rassemblement des opposants à la chasse
(ROC, Président : Théodore Monod)
BP 261
02100 Saint-Quentin
Tél. 23 62 31 37

Robin des Bois
(éléphants, baleines, dauphins, nucléaire...)
15, rue Ferdinand Duval,
75004 Paris
Tél. (1) 48 04 09 36

Société nationale pour la défense des animaux
(SNDA)
BP 30 - 94300 Vincennes
Tél. (1) 43 43 43 32

Société nationale de protection de la nature
(SNPN)
57, rue Cuvier
75005 Paris
Tél. (1) 47 07 31 95

Société Protectrice des Animaux (SPA)
Section Jeunes
(8 à 18 ans, adhésion 20 F)
39, bd Berthier
75017 Paris
Tél. (1) 43 80 40 66
Minitel 3615 SPA

WWF (protection de la nature sauvage)
151, bd de la Reine
78000 Versailles
Tél. (1) 39 50 75 14

Ce livre est la première réalisation d'un projet à long terme d'écologie à l'école pour apprendre à tous le respect de la vie.

L'école de Noé est une association à but non lucratif, totalement indépendante de tout groupe politique, religieux, économique et financier.

Vous pouvez aider à son action en devenant adhérent (cotisation à partir de 100 F, valable jusqu'à fin 1992) :

L'école de Noé,
25, rue du Mail
75002 Paris.

Ce projet a pu voir le jour grâce à la rencontre avec Matteo Fabra et Jean-Claude Malezieux et à leur confiance.

L'école de Noé remercie chaleureusement toutes les personnes qui ont soutenu cette initiative et participé à sa réalisation, en particulier les membres du comité de soutien, les responsables des associations de protection animale, les dessinateurs, les photographes, les correcteurs...

Direction artistique et réalisation : Roland Deleplace
Dépôt légal : septembre 1991. ISBN 2-9506069-0-3

Imprimé sur papier Biovie, 100 % recyclé et blanchi sans chlore et sans acide, fabriqué par la Papeterie de Moulin Vieux à Pontcharra (Isère).
Le papier Biovie protège l'environnement en limitant la consommation de bois, d'eau et d'énergie et en ne répandant pas dans la nature de substances nocives.

La couverture est réalisée sur carte couchée Swissboard 70 % recyclée.

Composé par Edécom à Enghien.

Gravé par Laser Graphic à Monaco.

Achevé d'imprimer à Paris (France) le 21 août 1991 sur les presses de l'imprimerie Lescaret.